NEIN sagen ohne schlechtes Gewissen

FRANCA CERUTTI

Nein sagen

OHNE SCHLECHTES GEWISSEN

Dein Workbook für
weniger Stress,
mehr Selbstachtung
und Beziehungen
auf Augenhöhe

Y

INHALT

VORWORT

Du möchtest niemanden enttäuschen, also sagst du Ja, obwohl alles in dir schreit, dass du nicht willst, nicht kannst und eigentlich auch keine Zeit hast. Und hinterher verfluchst du dich selbst, weil du wieder eingeknickt bist und jetzt noch mehr Stress hast. Und du bist wütend auf deine Mitmenschen, weil sie nicht sehen, dass du schon am Limit bist. Irgendwie fühlst du dich ausgenutzt und nicht gesehen – aber laut »Nein!« zu sagen, kommt dir riskant vor, weil du befürchtest, dass es dann erst recht ungemütlich wird.

Das kommt dir bekannt vor? Dann bist du hier genau richtig! Dieses Workbook wird dir praktische Tipps, lebensnahe Beispiele und tiefe Impulsfragen an die Seite stellen, damit du deinen persönlichen Weg zu einem authentischen, ehrlichen Nein finden kannst. Ciao schlechtes Gewissen, ciao Stress, ciao Selbstausbeutung! Du lernst, deine Grenzen und Bedürfnisse zu spüren und klar zu formulieren. Du erfährst, für welche Arten der Manipulation du besonders anfällig bist und wie du dennoch standhaft bleibst. Du stärkst dein Selbstwertgefühl und gewinnst respektvolle Beziehungen. Hallo Gelassenheit, hallo Augenhöhe, hallo Respekt! Mit meiner Expertise als Psychotherapeutin und Psychologie-Podcasterin leite ich dich anhand von intensiven Journaling-Fragen durch einen Prozess der Selbsterkenntnis. Ich freue mich auf unsere gemeinsame Reise.

Deine Franca Cerutti

Kapitel 1

Warum sich Neinsagen doof anfühlt, und warum du es trotzdem üben solltest

DER STEINZEITMENSCH, DAS HERDENTIER UND DAS KIND IN DIR

Neinsagen fühlt sich doof an. Wenn es nicht so wäre, bräuchten wir dieses Buch nicht, stimmt's? Den meisten Menschen fällt es nicht leicht, ehrlich und authentisch die eigenen Bedürfnisse zu kommunizieren oder Grenzen zu ziehen.

Aber warum ist das eigentlich so? Um das zu verstehen, müssen wir einen Blick in die Vergangenheit werfen – und zwar zunächst in unsere gemeinsame, menschheitsgeschichtliche Vergangenheit, dann in unsere kollektive, gesellschaftliche Vergangenheit und dann in deine eigene. Was steht einem klaren Nein ohne schlechtes Gewissen eigentlich im Weg?

Zunächst schauen wir uns mal die Hürde an, die sozusagen in unseren Genen und tief in unserem menschlichen Wesen verankert ist. Auch wenn es manchmal schwerfällt, das zu glauben: Aus evolutionspsychologischer Sicht sind Menschen

»Was passiert, wenn alle sauer auf mich sind und mich blöd finden? Was passiert, wenn hier jeder nur sein eigenes Ding macht?«

zutiefst kooperativ. Unsere Vorfahren wussten, dass sie als gemeinschaftliche Gruppe bessere Chancen hatten, Nahrung zu beschaffen, wilde Tiere abzuwehren und insgesamt sicherer zu leben. Ichbezogenes Verhalten war kein Vorteil. Wahrscheinlich sogar ganz im Gegenteil: Ein einzelner Steinzeitmensch hatte keine Überlebenschance. Aus der Gruppe ausgeschlossen zu werden, stellte ein Todesurteil dar. Der Steinzeitmensch in uns findet Neinsagen also wahrscheinlich schwierig oder sogar gefährlich. Wir alle haben diese Momente, in denen wir unsere eigenen Verhaltensweisen und Gefühle irrational und übertrieben finden. Wir wundern uns dann, warum es uns jetzt soooo schwerfällt, ein klares Nein zu äußern. Vielleicht wirken da uralte unbewusste Muster.

IMPULSFRAGEN

Wann habe ich mich zuletzt ganz anders verhalten, als ich es eigentlich wollte?

In welcher Situation habe ich Ja gesagt, obwohl ich Nein meinte?

In welchen Momenten spüre ich mein Bedürfnis nach Zugehörigkeit in der Gruppe besonders stark, und wie wirkt sich das auf meine Fähigkeit aus, Nein zu sagen?

In welchen Momenten bemerke ich besonders deutlich, dass ich mich teilweise irrational verhalte?

Kleiner Tipp: Versieh alle deine Aufzeichnungen in diesem Workbook mit einem Datum. So kannst du, wenn du nach einiger Zeit noch mal durchblätterst, gut sehen, was sich seither verändert hat.

Aus der Sozialpsychologie kommt der Begriff *tit for tat*, frei übersetzt in etwa »Wie du mir, so ich dir«. Wer sich verlässlich und hilfsbereit verhält, darf damit rechnen, dass ihm Ähnliches widerfährt, wenn es darauf ankommt. Viele unserer zwischenmenschlichen Handlungen basieren auf dem Prinzip der Gegenseitigkeit. Schon als Kinder lernen wir, in sozialen Gruppen zu agieren, beispielsweise in der Familie oder der Schule. Die unsichtbaren Leitplanken, die Gesellschaft, Kultur und Religion uns setzen, werden zu unseren Grenzen und geben uns eine Richtung vor.

Meist hinterfragen wir nicht, auf welche Art wir funktionieren und welche Rollen wir auskleiden sollen – wir tun es einfach. Letztlich sind wir Menschen Herdentiere. Wir fühlen uns in Gemeinschaften geborgen und wissen, dass wir auf Unterstützung zählen können. Es ist ganz natürlich, dass wir die Menschen in unserem Umfeld nicht gegen uns aufbringen wollen. Das zeigt sich in unserem großen Harmoniebedürfnis. Und das ist ein weiterer Grund, warum uns ein Nein manchmal schwer über die Lippen kommt: Es könnte als Bruch der Gemeinschaftlichkeit und unserer sozialen Regeln gesehen werden. Unser inneres Herdentier schreckt vor einem Nein also ebenso zurück, wie unser innerer Steinzeitmensch.

IMPULSFRAGEN

In welchen Bereichen meines Lebens habe ich das Prinzip von tit for tat *– das Geben und Nehmen – erlebt, und wie hat es meine Beziehungen und Interaktionen beeinflusst?*

Welche »unsichtbaren Leitplanken« meiner Gesellschaft, Kultur oder Religion habe ich verinnerlicht, und inwiefern beeinflussen sie meine Entscheidungen und mein Verhalten insbesondere beim Neinsagen?

Welche Konflikte habe ich bereits erlebt (oder befürchte ich), die durch ein ehrliches Nein ausgelöst wurden (oder werden könnten)?

Welche Rollenerwartungen meiner Gesellschaft, Kultur oder Religion habe ich verinnerlicht, die ich jetzt hinterfrage oder als zu einschränkend erlebe?

Wir sind also mit einem grundsätzlich kooperativen Naturell ausgestattet und haben ein starkes Bedürfnis nach sozialen Bindungen und Beziehungen. Das macht es uns schwer, laut und deutlich Nein zu sagen, für uns einzustehen und auch mal eine unpopuläre und vermeintlich »egoistische« Position einzunehmen.

Und dann gibt es natürlich noch einen weiteren, gewichtigen Grund, warum wir manchmal rumdrucksen oder uns mit einem schlechten Gewissen plagen, wenn wir doch einmal Nein sagen: unsere eigene Biografie.

Es ist eine interessante Tatsache, dass die meisten von uns, und bestimmt auch du, als Baby und Kleinkind überhaupt keine Schwierigkeiten hatten, unsere Bedürfnisse zu spüren und extrem deutlich auszudrücken. Der Brei schmeckt nicht? Bääääh – wir haben ihn durch die Küche gespuckt. Die Gummistiefel drückten an den Füßchen – waah, wir haben uns strampelnd auf den Boden geworfen und uns geweigert, sie anzuziehen. Wir waren im Einklang mit unseren Bedürfnissen und mit unseren Grenzen, wir wussten, worauf wir Lust hatten und worauf nicht. Und dann … was ist dann passiert?

Sagen wir es mal so: Die Welt hat nicht gerade andächtig den Atem angehalten und sich unseren Wünschen gebeugt. Sobald wir als Kinder das Wort »Nein« und seine Bedeutung kannten, haben wir real ungemütliche Erfahrungen damit gemacht! Und zwar zunächst einmal in unserem engsten Umfeld. Wie sind unsere primären Bezugspersonen mit einem Nein umgegangen? Vielleicht haben sie genervt, wütend oder enttäuscht reagiert. Möglicherweise hatte unser Nein auch gar keinen Effekt und wurde komplett übergangen. Diese Erfahrungen sind die biografischen Wurzeln deines heutigen Verhaltens. Neben unserem inneren Steinzeitmenschen und unserem inneren Herdentier hat also eventuell auch unser inneres Kind Schwierigkeiten damit, sich selbst zu behaupten und ehrlich und authentisch Nein zu sagen.

Vielleicht magst du dir einen Moment Zeit nehmen und einzelne Episoden, die gerade vor deinem inneren Auge aus deiner Erinnerung aufsteigen, zu Papier bringen. Die folgenden Fragen können dir helfen.

IMPULSFRAGEN

Wenn ich an meine frühe Kindheit zurückdenke: Wie haben meine primären Bezugspersonen auf mein Nein reagiert?

Ich erinnere mich an spezifische Situationen und an Momente, die besonders charakteristisch waren. Haben sie Verständnis gezeigt? Oder habe ich oft negative Reaktionen geerntet? Welche genau?

Inwiefern prägen diese frühen Erfahrungen mein heutiges Verhalten im Erwachsenenalter?

Gab es einen Punkt in meinem Leben, an dem sich meine Einstellung zum Neinsagen verändert hat? Ich versuche, mich an einen Wendepunkt zu erinnern, der meine Sichtweise beeinflusst haben könnte, sei es positiv oder negativ.

____

____

____

____

____

____

____

____

____

____

____

Die Fähigkeit, die Bedürfnisse unserer Mitmenschen wahrzunehmen, uns selbst anzupassen, zurückzunehmen und lieber Ja als Nein zu sagen, ist also wahrscheinlich so alt wie der Gang auf zwei Beinen und wurde in unserer Biografie noch verstärkt. »Fähigkeit?!«, denkst du jetzt vielleicht. »In meinem Fall fühlt es sich eher an wie ein Fluch!« Hier kommt es natürlich auf das Ausmaß an. Wie sehr bringt dich deine zugängliche und entgegenkommende Art in Schwierigkeiten? Ganz wichtig: Wir reden nicht über schwarz oder weiß, Jasager oder Neinsager, richtig oder falsch – wir reden über ein Kontinuum zwischen zwei Polen und eine breite Spanne dazwischen.

BALANCE IST DAS ZIEL

Auf der folgenden Skala kannst du markieren, wo du dich aktuell selbst einordnen würdest. Mit einem anderen Kreuz (vielleicht in einer anderen Farbe) kannst du markieren, wo deine Wunschposition ist.

Das Geheimnis mentaler Ausgeglichenheit liegt in einer gesunden Balance zwischen den beiden Polen. Du wirst nicht zu einem kaltschnäuzigen und egoistischen Menschen, wenn du selbstfürsorglicher wirst. Stattdessen lernst du, dich in kleinen Schritten auf die ausbalancierte Mitte zuzubewegen. Es ist ein himmelweiter Unterscheid, ob du immer Ja sagst, weil du nicht Nein sagen *kannst*, oder ob du dich frei für ein Ja oder ein Nein *entscheidest*! Als soziale Wesen suchen wir nach Akzeptanz und Zugehörigkeit, streben nach einem harmonischen Miteinander. Dieses tief verwurzelte Anliegen kollidiert mit unserem Wunsch, ehrlich und klar zu unseren Grenzen und Bedürfnissen zu stehen. Das Neinsagen scheint gegen unsere grundlegenden sozialen Instinkte und unsere Erziehung zu verstoßen. Daher kann es Unbehagen oder Schuldgefühle auslösen, und das gefürchtete schlechte Gewissen (dazu später mehr).

Ein gewisses »schlechtes« Gefühl, wenn man im Begriff ist, jemandem ein Nein entgegenzuhalten, ist – in Maßen – nicht nur normal, es stellt vielleicht sogar sicher, dass wir alle im Großen und Ganzen angenehme Mitmenschen sind.

Du kannst mit diesem Workbook einen Umgang mit diesen Emotionen für dich herausfinden. Aber zunächst lass uns jedes miese Gefühl, das sich bei dir einstellt, sobald es um Abgrenzung geht, erst einmal akzeptieren. Als interessante Botschaft, die du gerade über dein Inneres erhältst. Du kannst das Journal nutzen für ein kleines, innerliches Pausieren und Nachdenken darüber, was *du* wirklich willst – und was dein innerer Steinzeitmensch, dein inneres Herdentier und dein inneres Kind davon halten.

IMPULSFRAGE

Wie beeinflusst mein derzeitiges Verhalten, insbesondere mein Umgang mit Anfragen und Verpflichtungen, mein persönliches Gleichgewicht und Wohlbefinden?

WAS DU AM NEINSAGEN FÜRCHTEST – UND WAS DAS ÜBER DICH VERRÄT

Was Menschen am meisten fürchten, wenn es ums Neinsagen geht, sind schlechte Gefühle. Die eigenen und diejenigen, die sie (vielleicht) bei anderen verursachen. Im vorangegangenen Kapitel hast du dich bereits mit ihren evolutionspsychologischen, gesellschaftlichen und biografischen Wurzeln beschäftigt.

Lass uns hier noch einmal genauer hinschauen. Auf den folgenden Seiten stelle ich dir die häufigsten Gründe vor, warum Menschen Schwierigkeiten haben, Nein zu sagen. Du kannst für dich prüfen, was am stärksten auf dich zutrifft.

Angst vor Ablehnung: Wir möchten von anderen akzeptiert und gemocht werden, und die Vorstellung, dass ein Nein dazu führen könnte, dass jemand verärgert ist oder uns gar weniger mag, ist oft beängstigend. Diese Angst kann uns dazu bringen, uns über unsere eigenen Bedürfnisse hinwegzusetzen.

Wie stark ist deine Angst vor Ablehnung, wenn du Nein sagst?

Angst davor, jemanden zu enttäuschen: Die Vorstellung, einer anderen Person eine Bitte abzuschlagen, macht uns Schuldgefühle – und das kann dazu führen, dass wir uns selbst Vorwürfe machen und uns unwohl fühlen, wenn wir eine Grenze setzen.

Wie groß ist deine Angst davor, jemanden zu enttäuschen, wenn du Nein sagst?

Angst davor, für egoistisch und selbstbezogen gehalten zu werden: Menschen mit einem niedrigen Selbstwertgefühl haben oft Schwierigkeiten, Nein zu sagen, weil sie sich selbst nicht genug wertschätzen. Sie glauben, dass ihre Bedürfnisse weniger wichtig sind als die der anderen, und fühlen sich nicht berechtigt, ihre eigenen Anliegen selbstbestimmt zu vertreten oder Grenzen zu setzen. Aus dieser Position fällt es besonders schwer, eine Grenze zu setzen und Nein zu sagen.

Wie stark schätzt du deine Angst ein, als selbstbezogen oder »wichtigtuerisch« zu gelten, wenn du Nein sagst?

0 — 10

Angst davor, jemanden zu verärgern und Angst vor dem Verlust von Beziehungen: Die Angst vor Konflikten kann uns ebenfalls daran hindern, Nein zu sagen. Wir möchten keinen Streit oder Unannehmlichkeiten verursachen. Dies kann dazu führen, dass wir uns überreden lassen, obwohl wir innerlich Nein sagen möchten. Eine besonders starke Barriere ist die Angst, dass ein Nein die Situation zwischen uns und anderen Personen so eskalieren lassen könnte, dass die Beziehung Schaden nimmt oder sogar beendet werden könnte.

Wie sehr befürchtest du, dass Menschen sich von dir abwenden, wenn du Nein sagst?

0 — 10

Die Angst davor, für faul gehalten zu werden: Gerade die ganz hilfsbereiten und leistungsfähigen Menschen unter uns haben manchmal die Befürchtung – und das kann ganz unbewusst sein –, dass sie, wenn sie Nein sagen, für faul oder nicht belastbar gehalten werden. Und manchmal haben wir vielleicht den Eindruck, dass ein Nein von uns nur dann akzeptiert wird, wenn wir offenkundig schon völlig überlastet sind.

Wie groß ist deine Angst davor, für faul oder inkompetent gehalten zu werden, wenn du Nein sagst?

0 10

IMPULSFRAGEN

Welche Befürchtungen treffen auf dich besonders zu?

___

___

___

___

___

Gibt es noch weitere Ängste, die dich davon abhalten, selbstbewusst für dich einzustehen?

___

___

___

___

___

Für wie realistisch hältst du deine Ängste?

____

____

____

____

____

____

Wo siehst du dein größtes Fenster für Wachstum und Veränderung?

____

____

____

____

____

____

Die Auseinandersetzung mit den zugrunde liegenden Ängsten verrät dir, wo du ansetzen kannst. Nutze deine Aufzeichnungen, um deine Gedanken, Gefühle und Verhaltensweisen nicht nur besser wahrzunehmen, sondern auch zu sortieren und im Kontext zu verstehen. Alles, was wir aus dem Unbewussten ins Bewusstsein holen, können wir verändern. Deshalb ist dir hier bereits ein sehr wichtiger und großer Schritt gelungen.

EINE UNBEQUEME WAHRHEIT

Manchmal wird uns in Zeitschriften oder in den sozialen Medien suggeriert, dass das Neinsagen nicht nur easy, sondern auch rundum unproblematisch sei. Als würde man damit ausschließlich positive Erfahrungen machen. Hier kommt eine unbequeme Wahrheit: Wenn du beginnst, ein besseres Gleichgewicht zu finden und öfter Nein zu sagen, wird es Menschen geben, die darauf ärgerlich reagieren. Manche werden enttäuscht von dir sein und dir das auch zu verstehen geben. Manche werden dir vielleicht sogar Gleichgültigkeit oder Egoismus vorwerfen. Es kann sogar sein, dass Menschen sich von dir abwenden. Und du *wirst* ein schlechtes Gewissen haben.

Und du denkst jetzt vielleicht: »Wie bitte?! Ich dachte, ich lerne mit diesem Workbook, wie ich ohne diese unangenehmen Nebeneffekte Nein sagen kann?!« Dazu Folgendes: Die Menschen in deinem Umfeld kennen dich so, wie du *jetzt* bist, nämlich zum Beispiel sehr hilfsbereit, sehr fleißig, mit vielen feinen Antennen ausgestattet, die in die Außenwelt gerichtet sind. Du kümmerst dich um andere, fährst deine eigenen Anliegen zurück und bist eine verlässliche Unterstützung in allen Lebenslagen. Und du sagst bisher kaum Nein. So wie du jetzt bist, nützt das ganz vielen Menschen.

Stell dir vor, du wärest ein Puzzleteilchen und du passt genau an die Menschen dran, die dich umgeben. Und je weicher, nachgiebiger und flexibler du warst und bist, desto mehr haben die dich umgebenden Puzzleteilchen dir deinen Platz zugewiesen – und das ist jetzt deine Form.

Wenn du beginnst, dich zu verändern und ein bisschen Widerstand aufzubauen, und vielleicht auch mal hier eine Ecke und da eine Kante zeigst, desto mehr spürt das dein Umfeld. Und entweder bewegt es sich ein bisschen mit, oder es kann passieren, dass ihr tatsächlich nicht mehr so gut zusammenpasst. Und das kann mit Unbehagen verbunden sein, mit Gesprächen, die du führen musst, und mit veränderten Beziehungen.

Was ich nach über zwanzig Jahren Berufserfahrung verstanden habe: Menschen, die dich lieb haben, die dein Wohl im Blick haben und die von Herzen möchten, dass es dir gut geht, die werden diesen Weg der Veränderung nicht nur mit dir gehen, sondern sie werden dich dafür feiern. Und diejenigen, die am heftigsten auf ein Nein von dir reagieren, sind wahrscheinlich genau diejenigen, für die du das Nein am dringendsten brauchst.

IMPULSFRAGEN

In welcher Weise habe ich mich, ähnlich wie ein Puzzleteilchen, angepasst, um den Erwartungen und Bedürfnissen meines Umfelds zu entsprechen?

Wenn ich beginne, selbstbewusster aufzutreten und öfter Nein zu sagen, wie könnte sich dies auf meine Beziehungen auswirken?

Welche Menschen in meinem Leben würden mich auf meinem Weg zu mehr Selbstfürsorge unterstützen, und welche könnten darauf negativ reagieren?

Unsere Bedürfnisse und Grenzen zu spüren und sie durch ein Nein zu benennen und zu schützen, ist eine wichtige Kompetenz. Dennoch fällt es uns oft schwer, weil wir negative Erfahrungen damit gemacht haben und miese Gefühle damit verbunden sind. Warum sich ein Nein für uns so doof anfühlt, ist individuell verschieden und in einen familiären und gesellschaftlichen Gesamtkontext eingebettet. Diesen zu verstehen, hilft dir, dich daraus zu lösen und dich bewusster und selbstbewusster zu positionieren.

Warum ist es überhaupt wichtig, Nein zu sagen, wenn Kooperation so tief in unserer Natur verankert ist und wenn es darüber hinaus mühsam ist? Und wenn dann noch zu befürchten ist, dass einige Menschen in unserem Umfeld tatsächlich nicht besonders wohlwollend auf unsere Veränderung reagieren: Lohnt sich das? Und schaffe ich das überhaupt, mich zu verändern, wenn ich doch schon so viele Jahre oder Jahrzehnte bin, wie ich bin?

Die Antwort ist: Ja! Neinsagen lohnt sich absolut, und es kann auch dir gelingen. Denk noch mal an das Gleichgewicht und die gesunde Mitte vom Anfang dieses Kapitels: In unserem modernen Leben sind wir oft mit unzähligen Anfragen und Verpflichtungen konfrontiert. Wenn wir nicht lernen, unsere Grenzen zu schützen und gelegentlich Nein zu sagen, riskieren wir, uns selbst zu überfordern und unsere eigenen Bedürfnisse zu vernachlässigen. Das ist der direkte Weg in ein Leben voller Stress und Überbelastung. Und das wiederum steigert die Wahrscheinlichkeit für körperliche und psychische Erkrankungen immens.

IMPULSFRAGE

Welche langfristigen Konsequenzen könnte es für meine mentale und körperliche Gesundheit haben, wenn ich weiterhin Schwierigkeiten habe, Nein zu sagen?

WIE VERÄNDERUNG WIRKLICH GELINGT

Verstehen allein reicht nicht aus: Sobald wir unsere Muster erkennen und verstehen, können wir bewusster auf sie reagieren. Das Verstehen eines Verhaltens oder einer Angewohnheit bedeutet jedoch nicht automatisch, dass es sich dadurch auch verändert. Tatsächlich muss man die Dinge, die man verstanden hat, auch *tun*.

Die Rolle der Neuroplastizität: Eine ermutigende Tatsache ist die Fähigkeit unseres Gehirns, sich anzupassen und zu verändern. Unser Gehirn ist ein Leben lang in der Lage, neue Verhaltensmuster zu erlernen und bestehende zu verändern, wenn wir es fordern – selbst wenn wir über einen großen Zeitraum hinweg »eingeschliffen« auf bestimmte Weisen reagiert haben. Positive, kraftvolle Gedanken und neue Verhaltensweisen stellen sich nicht von allein ein – wir müssen sie bewusst schaffen.

Die Bedeutung von Übung: Veränderungen erfordern Übung und Geduld. Es ist unwahrscheinlich, dass du dieses Buch durchblätterst und sofort in der Lage sein wirst, eine 180-Grad-Wendung hinzulegen und völlig entspannt Nein zu sagen. Also sei nicht zu hart zu dir, wenn es anfangs nicht suuuuper funktioniert und du immer mal wieder in deine alten Muster rutschst. Das ist ganz normal. Aber wenn du die kleinen Schritte gehst, die du dir hier erarbeitest, und zwar immer wieder, wirst du bald einen Fortschritt merken.

Unterstützung suchen: Vielleicht hast du ja Lust, dir jemanden an die Seite zu holen, der womöglich auch davon profitieren würde, ein bisschen selbstfürsorglicher und selbstbewusster zu werden – dann könnt ihr euch gegenseitig unterstützen und motivieren.

IMPULSFRAGEN

An welchem der genannten Aspekte sind Veränderungen in meinem Leben bisher gescheitert?

Und was fällt mir eher leicht in Hinblick auf Veränderungen?

MACH DIR DEINE ROLLE(N) BEWUSST UND SEI EIN GUTES VORBILD

Wenn wir uns darin üben, öfter Nein zu sagen und klarer und authentischer zu kommunizieren, verändert das nicht nur uns selbst – denk an die Metapher mit den Puzzleteilchen. Wir sind als Individuen eingebettet in private und berufliche Kontexte, und hier erfüllen wir verschiedene Rollen.

Darüber hinaus sind wir für einzelne Personen in unserem Umfeld vielleicht auch ein Modell und Vorbild (zum Beispiel als Elternteil, Kollegin oder Freund). Es gibt mindestens fünf gute Gründe, mutig aufzutreten und dadurch auch anderen Menschen die folgenden Botschaften vorzuleben:

1. **Selbstfürsorge hat Priorität:** Indem du Nein sagst, demonstrierst du die Bedeutung der Selbstfürsorge. Dies zeigt deinem Umfeld, dass es nicht nur in Ordnung, sondern auch notwendig ist, auf sich selbst zu achten. Ein ausgeglichenes und gesundes Leben ist kein Luxus, sondern eine Grundlage für langfristiges Wohlbefinden.

2. **Grenzen helfen uns, respektvoll zu sein:** Durch dein Neinsagen lernt dein Umfeld, dass Grenzen gesetzt und respektiert werden müssen, und zwar gegenseitig. Dies ist ein wichtiger Faktor für Beziehungen auf Augenhöhe und ein wohlwollendes Miteinander.

3. **Neinsagen ist auch Jasagen:** Dein Nein ist auch ein starkes Ja zu anderen Dingen. Indem du dich bewusst gegen etwas entscheidest, zeigst du deinem Umfeld, dass du Prioritäten setzt und deine Ressourcen selbstbestimmt einsetzt. Du unterstreichst dadurch nicht nur deine eigene Fähigkeit, selbstbewusste Entscheidungen zu treffen, sondern ermunterst auch andere dazu.

4. **Authentizität und Ehrlichkeit sind das Fundament:** Ein ehrliches Nein ist oft mehr wert als ein halbherziges Ja. Du zeigst deinem Umfeld dadurch, dass ihr authentisch miteinander umgeht und dass Gefühle und Meinungen geäußert werden dürfen. Dies fördert die Integrität eurer Beziehung.

5. **Vorbildfunktion für Resilienz:** Indem du zeigst, dass du auch unter Druck oder in schwierigen Situationen Nein sagen und für dich einstehen kannst, bist du ein tolles Vorbild in Hinblick auf Resilienz. Dein Umfeld lernt von dir, dass es in Ordnung ist, nicht allem zuzustimmen, und dass Standhaftigkeit eine Stärke ist.

IMPULSFRAGEN

Für welche Person(en) in meinem Umfeld habe ich eine Vorbildfunktion?

Wofür möchte ich stehen?

Wie möchte ich wahrgenommen werden, und wie nicht?

Was möchte ich weitergeben, und was nicht?

Kapitel 2

Wieso, weshalb, warum und wie du Nein sagen solltest

WANN UND WO SOLL ICH ÜBERHAUPT NEIN SAGEN? BEDÜRFNISSE, WÜNSCHE, WERTE UND GRENZEN

Wann ist eigentlich der richtige Moment für ein Nein? Gerade Menschen, denen es grundsätzlich nicht ganz leichtfällt, selbstbewusst aufzutreten, sind manchmal verunsichert, in welchen Situationen es wirklich angemessen wäre, sich dem Wunsch des Gegenübers zu widersetzen.

Je stärker wir unsere Antennen nach außen richten, auf die Bedürfnisse und Anliegen anderer, desto verkümmerter sind möglicherweise unsere Antennen nach innen. Und so kommt es, dass wir manchmal viel zu spät spüren, dass eine Abgrenzung fällig gewesen wäre. Wir ärgern uns im Nachhinein, dass wir uns nicht klar positioniert haben. Wenn es uns stark in Fleisch und Blut übergegangen ist, uns unterzuordnen und uns »nicht so wichtig« zu nehmen, kann es eine Strategie der Psyche sein, uns unsere Grenzen und Bedürfnisse tatsächlich nicht mehr so deutlich spüren zu lassen.

Die Fähigkeit, in uns hineinzuhorchen und unsere Emotionen zu spüren, im Kontext zu verstehen und Worte dafür zu finden, nennt sich »Mentalisieren«. Manchmal müssen wir diese Fähigkeit ein bisschen wachkitzeln. Es lohnt sich, interessiert und neugierig nach innen zu schauen. Je bewusster wir uns darüber werden, was in unserem Inneren vorgeht, desto mehr Selbst-Bewusstsein haben wir. Wir werden uns unserer selbst bewusster.

Um zu wissen, wann wir Nein sagen sollten, müssen wir erst mal verstehen, was wir brauchen. Unsere Bedürfnisse sind wie ein Kompass. Sie stellen für uns sicher, dass wir gut versorgt sind und uns in die richtige Richtung bewegen.

BEDÜRFNISSE

Als »Bedürfnis« bezeichnen wir etwas, das für unser Überleben und Wohlbefinden unerlässlich ist. Es ist oft grundlegend und sollte nicht verhandelbar sein. Die eigenen wahren Bedürfnisse zu erkennen, ist sehr vielschichtig und gar nicht so leicht. Es gibt körperliche Grundbedürfnisse, die wir als Hunger, Durst oder Müdigkeit spüren. Außerdem wünschen wir uns Nähe, Sicherheit oder Schmerzfreiheit. Wir spüren diese physiologischen Bedürfnisse mal mehr, mal weniger zuverlässig. Sie bringen uns dazu, unseren Körper zu schützen und gut zu behandeln. Die Erfüllung körperlicher Bedürfnisse macht praktischerweise oft Spaß und geht mit Befriedigung einher, wenn wir beispielsweise unseren Appetit stillen oder kuscheln. Was den Körper streichelt, streichelt die Seele.

IMPULSFRAGEN

Wie zuverlässig spüre ich meine körperlichen Bedürfnisse?

Wie stark berücksichtige ich sie?

Unter welchen Umständen neige ich dazu, körperliche Bedürfnisse zu missachten?

Neben unseren körperlichen Bedürfnissen haben wir psychologische Grundbedürfnisse. Beispielsweise wünschen wir uns Anerkennung und das Gefühl, eine wichtige Rolle im Leben von anderen Menschen zu spielen. Wir suchen Anschluss in Gemeinschaften und wünschen uns Solidarität und Unterstützung. Gleichzeitig brauchen wir Eigenständigkeit und die Möglichkeit, unabhängige Entscheidungen zu treffen. Manche unserer psychologischen Bedürfnisse, wie das nach Bindung einerseits und nach Autarkie andererseits, scheinen im Widerspruch zueinander zu stehen und müssen ausbalanciert werden.

Nimm dir ein bisschen Zeit, um in Ruhe über deine Bedürfnisse und ihren Platz in deinem Leben zu reflektieren. Finde heraus, welche von ihnen Priorität für dich haben. Die folgenden Impulsfragen können dich darin unterstützen.

IMPULSFRAGEN

Bekomme ich Anerkennung und Wertschätzung?

____

Werde ich gesehen und beachtet?

____

Fühle ich mich unterstützt?

____

Brauche ich mehr Freiräume?

____

Woran kann ich erkennen, ob meine Bedürfnisse gut oder weniger gut erfüllt werden?

Herauszufinden, was unsere Bedürfnisse sind, ist alles andere als trivial. Es erfordert Achtsamkeit im Umgang mit uns selbst, und dafür dürfen wir unsere nach innen gerichteten Antennen stärken und trainieren. Zu wissen, was wir individuell (körperlich und psychisch) brauchen, ist der wichtigste Schritt, um zu bestimmen, wozu wir Nein sagen sollten. Die Erfüllung unserer Bedürfnisse ist entscheidend für Gesundheit und allgemeines Wohlbefinden.

ÜBUNG: FORMULIERE DEINE PRIORITÄTEN

Für meine körperliche und mentale Gesundheit und mein Wohlbefinden brauche ich …

WÜNSCHE

Während Bedürfnisse eher so etwas wie überdauernde Grundmuster sind, die unser Wohlergehen sicherstellen, sind Wünsche darauf ausgerichtet, unsere Vorlieben und Interessen auszuleben. Alles, was wir *nice to have* finden - oder wie die Kirsche auf der Sahne -, das sind Wünsche. Sie sind flexibler als Bedürfnisse, sie verändern sich schneller, und sie sind verhandelbar. Wenn unsere Wünsche nicht erfüllt werden, führt dies nicht unbedingt zu negativen Auswirkungen auf unsere Gesundheit oder unser Wohlbefinden. Es macht uns höchstens ein bisschen schlechte Laune.

Unsere Wünsche zu kennen und ihnen nachzugehen, kann jedoch unsere Lebensqualität steigern. Wünsche können materieller Natur sein (eine neue Uhr oder ein Fahrrad) oder immaterieller Natur (eine bereichernde Erfahrung oder ein beruflicher Karriereschritt). Um unserem Glück und unserer Zufriedenheit auf die Sprünge zu helfen, lohnt es sich, wenn wir uns fragen, was *wir* uns wünschen.

Finde einen ruhigen Ort und lass die folgenden Impulsfragen ungestört auf dich wirken. Mach dich frei von familiären Aufträgen oder einem Image, das du vielleicht bedienen möchtest. Stell dir vor, es gäbe niemanden, dem du es »recht machen« möchtest. Antworte möglichst, ohne lange zu grübeln oder etwas zu »konstruieren«, und gib dadurch deinem Unbewussten die Chance, zu sprechen.

IMPULSFRAGEN

Was will ich (materiell/immateriell) am liebsten sofort?

Was will ich (materiell/immateriell) demnächst?

Was will ich (materiell/immateriell) eines Tages?

Was (genau) erhoffe ich mir davon?

Welches gute Gefühl habe ich dann – welches schlechte Gefühl fällt dann weg?

____

____

____

Gibt es auch negative Aspekte?

____

____

____

____

____

Kann ich dabei etwas verlieren?

____

____

____

____

Möglicherweise sind dir einige Wünsche sofort eingefallen. Vielleicht bist du auch recht wunschlos. Und es ist auch gut möglich, dass du dich scheust, dich selbst nach deinen Herzenswünschen zu fragen, weil ein Anteil in dir glaubt, dass dir das nicht zusteht.

Deine Erfahrungen mit der letzten Übung kannst du hier notieren:

Wir brauchen die Fähigkeit, Nein zu sagen, um unsere Herzenswünsche und das, was uns glücklich macht, zu schützen. Wir müssen Raum und Ressourcen schaffen für das, was uns Zufriedenheit schenkt und unser Leben bereichert. Und gleichzeitig lohnt sich ein ehrlicher Blick auf unsere Wünsche, und vor allem auf die Dringlichkeit und den zeitlichen Kontext. Wünsche sind (im Gegensatz zu Bedürfnissen) oft flüchtig. Wir Menschen tendieren sehr dazu, das, was wir *eigentlich* wollen, aufzugeben für das, was wir *jetzt* wollen. Nein sagen zu können, bedeutet auch, manchmal zu sich selbst Nein zu sagen.

WERTE

Unsere persönlichen Werte sind die tief verwurzelten Überzeugungen und Prinzipien, die unser Verhalten und unsere Entscheidungen im Leben maßgeblich beeinflussen. Sie sind die Essenz dessen, was für uns als Individuum wichtig ist, und dienen als Richtschnur für das, was wir als richtig, gut und erstrebenswert erachten. Werte sind stark kulturell und familiär geprägt. Gleichzeitig sind sie subjektiv und in ihrer Kombination ziemlich einzigartig für jede Person. Sie spiegeln wider, was uns im Kern ausmacht und was uns antreibt. Während es bei unseren Bedürfnissen um unser Überleben und Wohlergehen geht und bei unseren Wünschen um die Freude, verleihen unsere Werte uns Sinn.

Die eigenen Werte zu kennen, ist wichtig. Sie stellen so etwas wie unsere innere Leitplanke dar, an der wir uns orientieren können. Immer dann, wenn gegen unsere Werte verstoßen wird, empfinden wir ein Störgefühl, und es kommt möglicherweise zu Konflikten. Wenn wir beispielsweise Zuverlässigkeit als hohen Wert erachten, stört uns das gleichgültige oder schusselige Verhalten einer anderen Person ganz erheblich.

Wenn wir selbst gegen unsere eigenen Werte verstoßen (oder dazu gebracht werden), kommt es zu einer innerpsychischen Dissonanz. Wir spüren das als »schlechtes Gefühl«. Unser menschlicher Geist schätzt diesen Anspannungszustand nicht und sucht nach Auswegen. Daher ist es wichtig, dass wir uns unsere eigenen Werte bewusst machen. Wenn wir unsere Werte kennen, wissen wir, wie wir sie schützen können und an welchen Stellen wir Nein sagen sollten.

Die folgende Liste enthält Werte, die Menschen oft als wichtig für ihr Leben erachten. Diese Aufstellung ist nicht vollständig, sondern soll dir lediglich als Anregung dienen. Sie kann dir helfen, deine persönlichen Kernwerte zu identifizieren, und ist ein guter Ausgangspunkt für deine persönliche Wertereflexion.

Achtsamkeit	Empathie	Genauigkeit	Innovation	Sicherheit
Abenteuer	Engagement	Generosität	Integrität	Solidarität
Abenteuerlust	Erfolg	Gerechtigkeit	Intellekt	Sparsamkeit
Anerkennung	Erneuerung	Gesundheit	Kreativität	Spiritualität
Authentizität	Fairness	Gleichheit	Kultur	Stabilität
Balance	Familie	Glück	Leidenschaft	Toleranz
Bescheidenheit	Fleiß	Großmut	Liebe	Transparenz
Beständigkeit	Flexibilität	Großzügigkeit	Loyalität	Treue
Beziehungen	Freiheit	Handlungsfähigkeit	Mitgefühl	Unabhängigkeit
Bildung	Freiwilligkeit	Harmonie	Mut	Verantwortung
Dankbarkeit	Freundschaft	Hartnäckigkeit	Nachhaltigkeit	Vergnügen
Demut	Frieden	Heiterkeit	Neugier	Verlässlichkeit
Disziplin	Führungsstärke	Hilfsbereitschaft	Offenheit	Vertrauen
Diversität	Fürsorglichkeit	Hingabe	Ordnung	Vielfalt
Effizienz	Gastfreundschaft	Höflichkeit	persönliches Wachstum	Weisheit
Ehrgeiz	Geduld	Humor	Pünktlichkeit	Wertschätzung
Ehrlichkeit	Gehorsam	Individualität	Respekt	Würde
Eigeninitiative	Gelassenheit	Inklusion	Selbstbestimmung	Zielstrebigkeit
Eigenständigkeit	Gemeinnützigkeit	Identität	Selbstfürsorge	Zufriedenheit
Einfachheit	Gemeinschaft	Resilienz	Selbstkontrolle	Zuverlässigkeit

IMPULSFRAGEN

Was beeinflusst dein tägliches Leben und deine Entscheidungen?

Was sind deine fünf stärksten Werte?

____

____

____

____

____

Welcher dieser Werte hat für dich am meisten Bedeutung?

____

Wenn dir die Entscheidung schwerfällt, überlege, welchen Wert du in einer hypothetischen Konfliktsituation wählen würdest.

Je wichtiger dir ein Wert ist, desto mehr solltest du darauf achten, ihn nicht brechen zu lassen. Baue einen Zaun aus vielen kleinen Neins drum herum! Wenn beispielsweise Freiheit und Ehrlichkeit für dich die wichtigsten Werte sind, solltest du sie möglichst wenig beschneiden lassen. Wenn du also in Situationen kommst, in denen du dich in Abhängigkeit und starre Grenzen pressen sollst, oder wenn du in intransparente und unehrliche Interaktionen verwickelt wirst, ist dies ein klarer Fall für ein deutliches Nein. Dieses Nein ist ein Ja zu dir selbst! Wenn du es versäumst, hinsichtlich deiner Werte klar für dich einzustehen, sind miese Gefühle in Zukunft geradezu vorprogrammiert.

IMPULSFRAGEN

Welche Momente in meinem Leben haben sich besonders richtig und bedeutungsvoll angefühlt, und was sagt das über meine zugrunde liegenden Werte aus?

Welche Menschen (oder fiktionalen Charaktere) bewundere ich, und welche Werte verkörpern sie?

Wenn ich die Gesellschaft und die Menschen neu gestalten könnte – wie würde meine ideale Welt aussehen, und welche Werte wären in dieser Vision zentral und unverzichtbar?

Wenn du magst, kannst du die nächsten Seiten nutzen, um eine Collage zu erstellen. Schneide Bilder und Worte aus Zeitschriften aus, die dich spontan ansprechen. Du musst gar nicht viel dabei denken. Erst wenn es fertig ist, versuche zu analysieren, welche Werte dadurch dargestellt werden.

GRENZEN

Das Erkennen und vor allem das Durchsetzen persönlicher Grenzen ist fundamental wichtig für Selbstfürsorge, Selbstbewusstsein und emotionales Wohlbefinden. Wie erkennen wir sie aber eigentlich bei uns selbst? Hand aufs Herz und in aller Ehrlichkeit: Wo die Grenzen liegen, bemerken wir manchmal leider erst, wenn sie überschritten wurden. Das gilt übrigens auch für die der anderen. Umso wichtiger, dass wir wenigstens versuchen, sie nicht nur gut kennenzulernen, sondern auch deutlich zu kennzeichnen, zum Beispiel durch ein authentisches Nein. Das schafft Klarheit.Die Beschaffenheit von Grenzen ist weder starr und unverschiebbar, noch sind sie immer ganz deutlich erkennbar. Es handelt sich weniger um eine scharf gezogene Linie als vielmehr um einen breiten Toleranzstreifen. Daher macht es auch einen ganz erheblichen Unterschied, ob du »langsam an deine Grenzen kommst«, etwas »grenzverletzend« ist oder gar »weit über jede Grenze hinausgeht«. Und es macht einen Unterschied, *wer* beteiligt ist (dazu später mehr).

Unsere Grenzen sind der Rahmen, der unsere Bedürfnisse, unsere Ressourcen, unseren Raum, unsere Wünsche, unser Wohlbefinden, unsere Werte und damit unsere Integrität schützt. Sie definieren, was für uns akzeptabel ist und was nicht – und zwar sowohl im Hinblick auf unser eigenes Verhalten als auch im Umgang mit anderen. Jedes Nein ist entscheidend für die Aufrechterhaltung unserer Grenzen und dient damit unserer Selbstachtung und unserem respektvollen Miteinander in Beziehungen. In der Regel gibt es Signale, an denen wir erkennen, dass unsere Grenzen bedroht oder überschritten werden:

Achte auf deine Gefühle: Unbehagen, Ärger, Groll, Aggression oder Resignation können Hinweise auf überschrittene Grenzen sein.
Achte auf körperliche Anzeichen: Spannung, Erschöpfung oder Stresssymptome können anzeigen, dass deine Grenzen überschritten wurden.
Reflektiere vergangene Erfahrungen: Denke an Situationen, in denen du dich ausgenutzt oder überfordert gefühlt hast. Was genau hat diese Gefühle verursacht?
Bitte um Feedback: Manchmal können Freunde oder andere, nahestehende Menschen erkennen, wenn unsere Grenzen übertreten werden, noch bevor wir es selbst tun. Frage Menschen, die dich lange und gut kennen, wo sie deine Grenzen wahrnehmen.

ÜBUNG:
In diesen Lebensbereichen spüre ich meine Grenzen (nicht).
Ich merke das vor allem daran:

Das Erkennen und Schützen unserer Grenzen ist ein individueller und fortlaufender Prozess, der nie abgeschlossen ist. Unser Leben ist dynamisch. Bedürfnisse und erst recht Wünsche verändern sich über die Dauer der Zeit. Und auch unsere Werte können sich je nach Lebensphase verschieben und einen anderen Stellenwert einnehmen.

Es ist übrigens auch nicht gesagt, dass die Grenzen dort, wo wir sie setzen, immer »richtig« sind. Grenzen schützen uns nicht nur, sie limitieren uns auch. Daher kann es auch eine wichtige Qualität sein, sie weit und flexibel zu halten. Wo deine Grenzen gezogen werden, bestimmst letztendlich nur du selbst.

Wenn du dies für dich geklärt hast, hab keine Angst, deine Toleranzschwelle sehr deutlich zu markieren. Ein klares Nein wird von vielen mehr geschätzt, als du vielleicht denkst. Die meisten Menschen sind froh, wenn sie recht genau wissen, woran sie bei dir sind, denn eine (unbeabsichtigte) Grenzverletzung ist auch für sie nicht schön.

Du kannst dieses Workbook nutzen, um Muster und Trends in deinen Bedürfnissen und Wünschen zu erkennen und deine Werte zu schärfen. Je häufiger du dir Notizen machst, desto besser wirst du dich kennenlernen und desto stärker entwickeln sich deine Antennen nach innen. Je mehr Selbstbewusstsein du entwickelst, desto früher und leichter wird es dir gelingen, Nein zu sagen. Hier kommen einige Impulsfragen, die du dir immer wieder stellen kannst.

IMPULSFRAGEN

Welche Aktivitäten oder Begegnungen haben mich erfüllt, und welche haben mir Energie geraubt und mich gestresst?

______

______

______

______

______

______

Was schließe ich daraus?

Was habe ich im Vorfeld von kommenden Ereignissen und Begegnungen erwartet, und wie ist es tatsächlich gelaufen?

Konnte ich heute nach meinen Werten leben und ihnen Ausdruck verleihen?

Bin ich an meine Grenzen gekommen? Habe ich meine Grenzen geschützt oder verschoben?

Welche Reaktionen kamen nach einer Abgrenzung, und was hat mein Nein für mich geändert oder sichergestellt?

Wann und wo für dich ein Nein nötig ist, kannst du jetzt vielleicht beantworten.

IMPULSFRAGE

In welchen Kontexten möchte ich in Zukunft besser auf mich aufpassen und Nein sagen?

EIN NEIN IST KEIN GANZER SATZ

Manche sagen, »Nein!« sei ein kompletter Satz. Nun ja – grammatikalisch gesehen stimmt das schon mal nicht. Ein Satz braucht im Allgemeinen ein Subjekt und ein Verb, um als vollständig zu gelten. Und dann ist da noch die Sache mit dem Inhalt. Niemand, wirklich niemand hält »Nein!« in wertschätzenden und respektvollen Gesprächen für einen inhaltlich ausreichenden Satz. Es wirkt brüsk, kurz angebunden, vielleicht sogar aggressiv. Gerade wenn uns das Neinsagen ohnehin nicht leichtfällt, weil wir niemanden verletzen oder verärgern möchten, ist so eine einsilbige Antwort auf eine Bitte keine gute Empfehlung. Es ist ungefähr so, als würde uns jemand eine lange Textnachricht schicken, und unsere Antwort bestünde nur aus einem einzelnen Emoji. Die grundsätzliche Botschaft käme dadurch zwar rüber, aber etwas mehr Kontext und Klarheit wäre schön.

Wenn wir unser Nein ein bisschen erklären, geben wir unserem Gegenüber die Chance, uns besser zu verstehen und einzuschätzen. Das ist nicht nur höflich, sondern baut auch Brücken statt Mauern in der Kommunikation. Wir geben dadurch zu verstehen, dass wir uns Gedanken gemacht haben und dass uns das Anliegen der anderen Person nicht egal ist. Kurz gesagt, ein Nein in einen richtigen, grammatikalisch und inhaltlich hübschen Satz zu verpacken, ist nicht nur ein Zeichen von Empathie und Respekt, sondern hilft auch, Missverständnisse zu vermeiden und Beziehungen zu stärken.

Und zur Wahrheit gehört auch: Viele Situationen erfordern kein Ja oder Nein, sondern eine gegenseitige Annäherung sowie das Finden eines Kompromisses, den beide Parteien tolerieren können. Und auch dafür sind ehrliche Gespräche und ein transparenter Austausch über die jeweiligen Bedürfnisse, Wünsche und Werte immens wichtig.

EIN WICHTIGER PERSPEKTIVWECHSEL

Unsere biografischen Erfahrungen prägen den Umgang mit dem Neinsagen bis ins Erwachsenenalter hinein. Unsere Befürchtungen, wie Menschen auf ein Nein reagieren könnten, sind in der Regel mit realen Begebenheiten verknüpft.

Gleichzeitig haben wir auch verinnerlicht, wie zu uns Nein gesagt wurde, und wie wir uns damit gefühlt haben. Wir haben beobachtet, unter welchen Umständen und auf welche Art Abgrenzung kommuniziert wurde, und welche Effekte das hatte. Ob wir gut oder schlecht Nein sagen können, wann und unter welchen Umständen es uns gelingt, auf welche Art wir uns ausdrücken, und wie wir selbst mit einem Nein umgehen – all das zu betrachten, ist wichtig, wenn wir lernen wollen, selbstbewusst und authentisch Nein zu sagen. Die folgenden Impulsfragen können dir helfen zu verstehen, warum dir Selbstfürsorge oder Abgrenzung manchmal schwerfällt.

IMPULSFRAGEN

Wie wurde früher zu mir Nein gesagt?

Wie habe ich das empfunden, und welche Gefühle hat es ausgelöst?

Wie reagiere ich heute, als erwachsene Person, wenn ich eine Ablehnung erfahre oder jemand Nein sagt?

Welche (unausgesprochenen) Erwartungen habe ich an mein Umfeld?

____

____

____

____

____

____

____

____

Gefühle von Traurigkeit, Beschämung, Hilflosigkeit oder Wut können aufkommen, wenn jemand zu uns Nein sagt. Diese heutigen Empfindungen haben oft tiefe Wurzeln. Manchmal haben sie jedoch gar nicht viel mit der heutigen Person oder Situation zu tun. Unsere Gefühle sind dann wie ein Echo aus längst vergangenen Zeiten.

Wenn wir lernen möchten, souverän und entspannt Nein zu sagen, gehört es dazu, dass wir auch souverän und entspannt reagieren, wenn jemand anders *zu uns* Nein sagt. Bedürfnisse und Grenzen klar und direkt zu kommunizieren und beim Gegenüber zu akzeptieren, ist wesentlich für gesunde Beziehungen, sowohl im beruflichen als auch im privaten Umfeld.

Eine respektvolle Kommunikation ermöglicht es uns, Beziehungen auf Augenhöhe zu führen und Konflikte auf eine konstruktive Art und Weise zu lösen. Dabei müssen wir akzeptieren, dass Auseinandersetzungen Teil des menschlichen Lebens sind. Meinungsverschiedenheiten müssen nicht zwangsläufig negativ sein. Sie können dazu dienen, Missverständnisse zu klären und gemeinsame Lösungen zu finden. Indem wir lernen, Konflikte als Chance zur Weiterentwicklung zu sehen und als Möglichkeit, etwas über uns und die andere Person zu lernen, können wir unsere Angst davor überwinden.

IMPULSFRAGE

Aus welchen Konflikten und Meinungsverschiedenheiten konnte ich etwas über mich oder andere lernen?

Konflikte sind ein natürlicher Bestandteil unseres Alltags. Es wird immer wieder zu kleinen Reibereien, Missverständnissen oder sogar Streitigkeiten kommen, in den unterschiedlichsten Zusammenhängen. Für Menschen mit wenig Selbstbewusstsein, die Schwierigkeiten haben, ihre Bedürfnisse wahrzunehmen und zu kommunizieren, können Konflikte jedoch besonders belastend sein. Sie haben oft Angst, andere zu verärgern, und fühlen sich dadurch häufig ausgenutzt und gestresst. Hier einige Tipps dazu, welche Haltung uns hilft, ein Nein freundlich, respektvoll und angemessen rüberzubringen:

Aktives Zuhören: Zeige Interesse an deinem Gegenüber. Versuche, wirklich zu verstehen, was der andere sagt und worin das Anliegen besteht. Frag bei Bedarf nach und wiederhole, was du glaubst, verstanden zu haben. Sich gegenseitig aktiv zuzuhören, drückt Respekt und Kommunikation auf Augenhöhe aus.

Ich-Botschaften verwenden: Sprich aus deiner eigenen Perspektive. Sage, was *du* denkst, wie *du* dich fühlst und was *dir* lieb wäre. Vermeide Angriffe oder Schuldzuweisungen. Beispiel: »Ich fühle mich überlastet, wenn meine Arbeitszeit regelmäßig überschritten wird.«

Konkret und sachlich bleiben: Statt vage zu sein, konkretisiere deine Bedürfnisse, Wünsche, Werte und Grenzen. Sei präzise in dem, was du benötigst, erwartest, akzeptierst oder ablehnst.

Empathie zeigen: Versuche, die Situation aus der Sicht der anderen Person zu sehen. Zeige Verständnis und Mitgefühl, wenn ein Nein von dir dazu beiträgt, dass die Person sich mit ihrem Anliegen weiterhin selbst auseinandersetzen oder jemand anderen zurate ziehen muss.

Timing beachten: Ein ernstes Gespräch sollte nicht begonnen werden, wenn wenig Zeit ist oder die andere Person bereits gestresst ist. Im Zweifel vereinbare lieber einen Termin. Zudem sollte ein Nein nicht zu lange aufgeschoben werden. Wenn die andere Person sich insgeheim auf dich verlässt und du erst in letzter Sekunde absagst, verschärfst du unnötig ihr Problem.

Klar und höflich bleiben: Vermeide große Umschweife und komme lieber direkt zum Punkt. Bleibe dabei immer höflich und respektvoll. Gerade auch im privaten Umfeld. Sich gewählt und höflich auszudrücken, kann privat in Konflikten Wunder bewirken. Deinen Emotionen freien Lauf zu lassen, verschafft dir vielleicht kurzfristig ein kraftvolleres Auftreten. Aber in der Sache wirft es dich und dein Gegenüber zurück. Vielleicht gibt der andere nur deinem Tonfall nach, nicht deinen Argumenten.

Kompromissbereitschaft zeigen: Sei grundsätzlich erst einmal bereit, Kompromisse zu finden oder Lösungen zu suchen, die für beide Seiten akzeptabel sind, wenn sich das Problem denn dafür eignet. Frage dein Gegenüber vielleicht auch danach, ob es dementsprechende Vorschläge gibt. Das nimmt die Schärfe aus Konflikten.

Konsequenzen aufzeigen: Es ist völlig okay und fair, zu erklären, was passieren wird, wenn du zu einem Ja gedrängt wirst. Aber Achtung: Das soll keine Drohung sein und nicht so verstanden werden. Wenn die Konsequenz letztlich »nur« ist, dass du traurig oder erschöpft sein wirst oder dass andere Dinge liegen bleiben werden, dann teile das mit.

Positiv formulieren: Statt zu sagen, was du nicht willst, formuliere, was du dir stattdessen wünschst.

Indem wir uns in die Lage des Gegenübers versetzen, können wir empathisch reagieren und Missverständnisse vermeiden. Eine klare und respektvolle Kommunikation erfordert auch die Bereitschaft, Kompromisse einzugehen und offen für Lösungen zu sein.

IMPULSFRAGEN

Welcher der genannten Punkte fällt mir besonders schwer?

Worauf möchte ich mich in zukünftigen Konflikten besonders konzentrieren?

Das Neinsagen stellt für viele von uns eine große Herausforderung dar. Zurückhaltende und feinfühlige Menschen finden es oft besonders schwierig – und kommen dadurch in Situationen, in denen sie gar nicht sein wollen. Manchmal leiden wir nicht nur unter der Last der Aufgaben und Verantwortungen, die wir uns haben aufbürden lassen, sondern auch unter dem Ärger über uns selbst, warum wir nicht Nein sagen konnten. Das geht häufig mit Selbstabwertung und einer Erosion des Selbstbewusstseins einher.

Es gibt ein paar Kniffe, die uns helfen, in den Momenten, in denen es darauf ankommt, stark und unmissverständlich aufzutreten. Damit unsere Haltung deutlich wird, ist es wichtig, eine klare verbale Kommunikation nonverbal zu unterstreichen, nämlich durch die Körperhaltung. Eine stabile Haltung und eine bewusste Körpersprache können die Inhalte unserer Botschaft klar und konsistent unterstützen. Wir unterschätzen häufig, dass wir ständig etwas ausdrücken, selbst wenn wir gar nichts sagen. Schon kleinste Nuancen wirken unbewusst – und zwar nicht nur auf unser Gegenüber, sondern auch auf unsere eigene Verfassung. Ein bewusster Stand, ein gerader Rücken und ein leicht erhobenes Kinn signalisieren auch uns selbst, dass wir entschlossen sind und nicht leicht einknicken.

Eine klare Körpersprache ist sogar dann nützlich, wenn wir unserem Gesprächspartner gar nicht vis-à-vis gegenüberstehen. Auch während eines Telefonats kann es helfen, sich selbstbewusst und aufrecht zu halten, um dem eigenen Körper und der Stimme Selbstvertrauen und Standfestigkeit zu verleihen, die auch über das Telefon bemerkbar ist.

IMPULSFRAGEN

Wenn ich an die letzte konfliktreiche Situation zurückdenke – wie habe ich mich in meinem Körper gefühlt?

Welchen Eindruck habe ich körpersprachlich vermittelt?

Ein Nein ist nur in wenigen Ausnahmesituationen ein ganzer Satz! Hier kommen 50 Vorschläge, wie du eine charmante, aber klare Aussage treffen kannst.

50 Shades of No

1. Danke, aber nein danke.
2. Gerade eher nicht, nein.
3. Das ist aktuell total unpassend.
4. Das würde ich lieber nicht tun.
5. Tut mir leid, ich habe leider etwas anderes zu tun.
6. Ich wünschte ich könnte, leider fehlt mir die Zeit.
7. Leider passt das gar nicht zu mir.
8. Ich muss leider absagen.
9. Leider passt das nicht in meinen Zeitplan.

10. Das ist nicht in meinem Interesse.

11. Ich fühle mich dabei nicht wohl.

12. Wenn es eilig ist, bitte lieber jemand anderen um Hilfe.

13. Das kann ich mir nicht vorstellen.

14. Dazu bin ich nicht in der Lage.

15. Ich bin momentan nicht verfügbar.

16. Vielleicht ein anderes Mal.

17. Ich glaube, das ist keine gute Idee.

18. Leider habe ich gerade viel zu tun.

19. Es tut mir leid, aber das geht nicht.

20. Lieb, dass du an mich denkst, aber ich kann leider nicht.

21. Ich habe ehrlich gesagt keine Lust.

22. Ich habe im Moment andere Verpflichtungen.

23. Dazu muss ich leider Nein sagen.

24. Das ist nicht das, was ich mir vorgestellt habe.

25. Nein, ich habe meine Gründe dafür und bitte dich um Verständnis.

26. Bedauerlicherweise muss ich ablehnen. Aber ich habe eine Idee, an wen du dich wenden kannst.

27. Das ist nicht das Richtige für mich.

28. Leider kann ich mich dem nicht anschließen.

29. Das passt nicht zu meinen aktuellen Prioritäten.

30. Leider kann ich dein Anliegen dieses Mal nicht berücksichtigen.

31. Das ist nicht mit meinen Prinzipien vereinbar, bitte akzeptiere das.

32. Das passt nicht in meine Pläne.

33. Danke für dein Vertrauen, leider kann ich nicht.

34. Ich kann das gerne machen, dann müssen wir aber gemeinsam abstimmen, was stattdessen liegen bleibt.

35. Ich glaube nicht, dass ich von großer Hilfe wäre, frag bitte jemand anderen.

36. Es tut mir leid, aber ich habe gerade keine Zeit. Wenn sich das ändern sollte, sage ich direkt Bescheid.

37. Leider muss ich deine Anfrage ablehnen, da sie nicht mit meinen ethischen Prinzipien und Werten übereinstimmt.

38. Leider kann ich deiner Bitte nicht nachkommen, da meine Ressourcen und Kapazitäten bereits ausgeschöpft sind.

39. Es tut mir leid, deine Erwartungen möglicherweise zu enttäuschen, aber ich muss das Angebot ablehnen.

40. Ich schätze dein Interesse an meiner Beteiligung, kann deiner Anfrage aber aufgrund von anderen Verpflichtungen nicht nachkommen.

41. Es tut mir leid, aber ich habe entschieden, mich derzeit auf andere persönliche und berufliche Herausforderungen zu konzentrieren.

42. Leider passt dein Anliegen gerade nicht mit meinen persönlichen Projekten zusammen.

43. Ich habe deine Anfrage geprüft, und obwohl ich sie sehr schätze, passt sie nicht zu meiner gegenwärtigen Lebenssituation.

44. Es tut mir leid, aber aufgrund meiner aktuellen Auslastung kann ich deinen Wunsch nicht erfüllen.

45. Leider muss ich die Einladung ablehnen, da bei mir etwas Wichtiges dazwischengekommen ist.

46. Ich verstehe deine Sichtweise, aber ich kann auch nicht aus meiner Haut. Bitte akzeptiere das.

47. Das schaffe ich nicht, aber ich hätte eine Idee, wo du Unterstützung bekommst.

48. Ich kann es nicht machen, aber wenn du möchtest, erkläre ich dir kurz, wie du es selbst schaffst.

49. Danke, dass du mir das zutraust. Ich selbst habe allerdings Vorbehalte und möchte nicht eingebunden werden.

50. Ich übe gerade Neinsagen, und das macht mich echt nervös, weil ich dich weder verärgern noch enttäuschen möchte. Aber hier kommt meine Antwort: Nein!

IMPULSFRAGE

Welche Arten, Nein zu sagen, empfinde ich passend, welche sind mir eher unangenehm?

Manchmal empfinden wir das Neinsagen als so schwierig und herausfordernd, dass wir viel zu lange damit warten. Oder wir sagen nur in höchster Not Nein, wenn es gar nicht anders geht – und sind dementsprechend aufgerieben und erschöpft. Die hohe Kunst der Selbstfürsorge und der gesunden Abgrenzung besteht darin, dass wir zum einen unsere Bedürfnisse und Wünsche kennen und es uns zum anderen auch wert sind, dafür einzutreten. Im nächsten Kapitel beschäftigen wir uns mit dem Selbstwertgefühl.

Kapitel 3

Wie du dein Selbstbewusstsein stärkst

Stell dir drei Wasserflaschen vor, die in einem Werk befüllt, mit Etiketten versehen und dann für den Verkauf ausgeliefert werden. Die eine Wasserflasche landet in einem Supermarkt. Dort kostet sie 50 Cent. Die zweite Flasche verschlägt es in das Kühlregal einer Tankstelle. Dort wird sie für 2 Euro verkauft. Und die dritte Wasserflasche wird an ein Flughafencafé geliefert. Dort müssen Kunden 4 Euro für sie bezahlen.

Diese Metapher soll zeigen, dass unser gefühlter Wert oft von unserer Umgebung und den Menschen um uns herum beeinflusst wird. Wie die Wasserflasche können wir uns in verschiedenen Situationen unterschiedlich wertvoll fühlen. Aber objektiv gesehen ist natürlich keine davon mehr wert als eine andere. Wir sind immer wertvoll, unabhängig von unserer Umgebung oder dem Wert, den andere uns zuschreiben. Und dieser echte Wert ist konstant, egal wo wir uns befinden oder wer uns gerade umgibt. Und wenn uns jemand behandelt wie Restmüll – dann sagt das immer mehr über diese Person aus als über uns!

Aber welchen Wert geben wir uns selbst? Wie wertvoll behandeln wir uns? Die eigene Konfliktscheu und Unfähigkeit, Nein zu sagen, hängt häufig mit einem niedrigen Selbstwertgefühl zusammen. Die folgenden Punkte geben einen Hinweis, wie es um dein Selbstwertgefühl bestellt ist.

WIE DEINE SELBSTUNSICHERHEIT DEINEM NEIN IM WEG STEHT

Selbstablehnung: Menschen mit einem niedrigen Selbstwertgefühl neigen dazu, sich selbst abzulehnen oder überkritisch zu sehen. Sie haben Schwierigkeiten, sich zu akzeptieren und gut für sich selbst zu sorgen, weil sie das Gefühl haben, es gar nicht zu verdienen, dass es ihnen gut geht.

IMPULSFRAGEN

In welchen Situationen neige ich dazu, mich selbst überkritisch zu betrachten oder mich abzulehnen?

Welche Schritte könnte ich unternehmen, um eine akzeptierendere und liebevollere Haltung mir selbst gegenüber zu entwickeln?

Suche nach äußerer Bestätigung: Menschen mit geringem Selbstwertgefühl suchen oft verstärkt nach Bestätigung und Anerkennung durch andere, um ihr eigenes Selbstwertgefühl zu stärken. So werden sie übermäßig abhängig von der Meinung anderer.

IMPULSFRAGEN

Wie oft suche ich Anerkennung durch mein Umfeld, und wie fühlt sich das an?

Gibt es Wege, wie ich mein Selbstwertgefühl stärken kann, ohne mich von anderen abhängig zu machen?

Selbstopferung: Personen mit einem niedrigen Selbstwertgefühl sind oft bereit, ihre eigenen Grenzen zu vernachlässigen, um anderen zu gefallen oder Konflikte zu vermeiden. Sie stellen die Bedürfnisse anderer über ihre eigenen, was zu einem Mangel an Selbstfürsorge führt.

IMPULSFRAGEN

In welchen Bereichen meines Lebens vernachlässige ich meine eigenen Bedürfnisse, um anderen zu gefallen oder Konflikten aus dem Weg zu gehen?

Was würde mir helfen, mir selbst mehr Priorität einzuräumen?

Perfektionismus: Ein niedriges Selbstwertgefühl kann zu Perfektionismus führen, weil Menschen glauben, dass sie nur dann wertvoll sind, wenn sie alles fehlerlos machen und Erwartungen zu 120 Prozent erfüllen. Dabei sind sie nicht nur sehr kritisch und ungnädig mit sich selbst, sondern empfinden auch übermäßigen Stress.

IMPULSFRAGEN

In welchen Aspekten meines Lebens strebe ich nach Perfektion, und wie wirkt sich das auf mein Wohlbefinden aus?

Wie kann ich ein gesünderes Gleichgewicht finden, und wo reicht »gut genug«?

Mangelhafte Selbstfürsorge: Menschen mit geringem Selbstwertgefühl vernachlässigen oft ihre physische und emotionale Gesundheit. Sie könnten es schwer finden, sich gesund zu ernähren, ausreichend zu schlafen oder sich Auszeiten zu gönnen, da sie sich selbst nicht genug wertschätzen.

IMPULSFRAGEN

Wie gut kümmere ich mich um meine körperliche und emotionale Gesundheit?

___

___

___

___

___

Gibt es Bereiche, in denen ich meine Selbstfürsorge verbessern könnte, und welche konkreten Schritte könnte ich dafür unternehmen?

___

___

___

___

___

___

ÜBUNGEN FÜR EINEN STARKEN RÜCKEN UND EINE BREITE BRUST

Unser Selbstbewusstsein und unser Selbstwertgefühl sind die Basis für die Fähigkeit, frei und authentisch Nein zu sagen, wenn wir Nein meinen. Menschen mit wenig Selbstbewusstsein, die ihre Bedürfnisse nicht wahrnehmen oder sich selbst als minderwertig einstufen (oder sich so behandeln lassen), stecken mit einer höheren Wahrscheinlichkeit in belastenden zwischenmenschlichen Beziehungen fest, in denen sie ausgenutzt oder schlecht behandelt werden.

Das negative Selbstbild unsicherer Menschen fußt häufig auf irrationalen oder falschen Überzeugungen. Oftmals sind diese Überzeugungen das Ergebnis von vergangenen Erfahrungen oder kritischen Bemerkungen anderer Menschen. Was können wir also konkret tun, damit wir mit geradem Rücken und breiter Brust durchs Leben gehen?

Ich habe eine Übung für dich, die du machen kannst, um dein Selbstwertgefühl zu verbessern und eine gute Grundlage für deine Zukunft als selbstbewusste Person zu bilden, die ohne schlechtes Gewissen Nein sagt.

ÜBUNG: DEIN ZUKUNFTS-SELBST

Bitte stell dir mal eine Zukunftsversion von dir vor – vielleicht in drei Jahren, vielleicht in fünf Jahren. Und dieses Zukunfts-Ich ist selbstbewusst, stark, in bester Weise selbstfürsorglich, entspannt und gelassen. Dieses Zukunfts-Ich entscheidet gezielt, was es will und was nicht, jedes Ja und jedes Nein ist klar und auch genau so gemeint. Dein Zukunfts-Selbst hat eine gute, liebevolle und innige Beziehung zu sich selbst. Wenn du Lust hast, kannst du für einen Moment die Augen schließend und die Bilder in deinem Kopfkino entstehen lassen. Bitte stell es dir möglichst bildhaft und lebendig vor. Tauche in deiner Fantasie in dein zukünftiges Leben ein. Dreh einen kleinen Film über dein Leben, in dem gesunde Abgrenzung gar kein Problem für dich darstellt.

IMPULSFRAGEN

Wie sieht mein Zukunfts-Ich aus?

Was unterscheidet es von meinem heutigen Selbst?

Was tut es, und was lässt es?

Welche Szene taucht vor meinem inneren Auge auf?

Woran erkenne ich, dass diese Zukunftsversion von mir innerlich gewachsen ist, dass sie stärker ist, klarer und mutiger?

____

____

____

____

____

____

Die psychologische Forschung hat gezeigt, dass Menschen, die eine gute Beziehung zu ihrem Zukunfts-Selbst haben, so etwas wie eine freundschaftliche innere Verbindung, bessere und selbstfürsorglichere Entscheidungen treffen. Diese Menschen schaffen es viel eher, kurzfristig auch mal unbequeme Situationen in Kauf zu nehmen – zum Beispiel Nein zu sagen oder ein unbequemes Gespräch zu führen –, weil sie wissen, dass sie mittel- und langfristig davon profitieren werden. Und je klarer und lebendiger unsere Vorstellung von unserem selbstbewussten, gelassenen und kraftvollen Zukunfts-Selbst ist, desto besser können wir dieses innere Bild sogar wie eine Art Ratgeber und Kompass nutzen.

Und wenn wir in unserem jetzigen Leben mal verunsichert sind, unseren Wert nicht sehen, und uns dadurch kleinmachen oder zurücknehmen – dann können wir innehalten und uns fragen: Was würde mein selbstbewusstes Zukunfts-Ich dazu sagen oder mir empfehlen?

Dein selbstbewusstes Zukunfts-Selbst wird dir die Motivation geben und den Mut, die unangenehmen Gefühle, die dir manche Abgrenzungssituationen jetzt vielleicht noch bereiten, zu überstehen. Und vielleicht hilft dir beim nächsten Nein, das dir ein bisschen schwerfällt, die Vorstellung, dass dein Zukunfts-Ich direkt neben dir steht und stolz deine Hand drückt.

IMPULSFRAGEN

Wann habe ich schon einmal die Erfahrung gemacht, dass andere Menschen mich völlig anders einschätzen und mehr wertschätzen, als ich mich selbst?

Und wann war es umgekehrt so, dass Menschen mich weniger geschätzt haben, als ich es verdient hatte? Was verrät mir das über mein Selbstwertgefühl?

Wir haben jetzt schon einige Seiten miteinander verbracht, und du hast viel über dich reflektiert. Vielleicht fragst du dich, wie lange es dauert, bis dein Selbstbewusstsein und dein Selbstwertgefühl so stark gewachsen sind, dass du ohne Unbehagen und ohne Angst Nein sagen und dich abgrenzen kannst? Die Wahrheit ist: Womöglich wirst du niemals an diesen Punkt kommen. Und das ist auch nicht unbedingt das Ziel, denn wir hatten ja bereits ganz zu Beginn dieses Journals festgehalten, dass ein bisschen Unbehagen beim Neinsagen ganz normal und sogar gut ist, weil es uns sorgfältig abwägen lässt.

Das Ziel ist, dass du trotz des miesen Gefühls Nein sagst. Du wirst nicht nur besser darin, Nein zu sagen, wenn du selbstbewusster wirst, sondern du wirst auch selbstbewusster, wenn du beginnst, Nein zu sagen – und zwar, obwohl es sich zunächst beängstigend, unhöflich oder egoistisch anfühlt. Selbstbewusst wirst du, wenn du dich selbstbewusst verhältst. Dein Selbstwertgefühl wird sich steigern, wenn du dich selbst wie einen wertvollen Menschen behandelst und das auch zur Bedingung für andere machst.

IMPULSFRAGE

Wie sehr kann ich aktuell den folgenden Statements zustimmen?

Datum ☐

Ich bin es wert, meine Bedürfnisse mitzuteilen.

-2 ☐ -1 ☐ 0 ☐ 1 ☐ 2 ☐

Meine Meinung ist wichtig und wird respektiert.

-2 ☐ -1 ☐ 0 ☐ 1 ☐ 2 ☐

Ich vertraue meiner Intuition und treffe selbstbewusste Entscheidungen.

-2 ☐ -1 ☐ 0 ☐ 1 ☐ 2 ☐

Ich bin stark und selbstbewusst in meinen Beziehungen.

-2 ☐ -1 ☐ 0 ☐ 1 ☐ 2 ☐

Ich stehe zu mir selbst und sage Nein, wenn es notwendig ist.

-2 ☐ -1 ☐ 0 ☐ 1 ☐ 2 ☐

Kapitel 4

Neinsagen für Fortgeschrittene: Was, wenn's schwierig wird?

In den vorigen Kapiteln konntest du ergründen, was dich bisher am Neinsagen gehindert hat. Du hast außerdem auf deine Bedürfnisse geschaut, um präziser festzulegen, an welchen Stellen du überhaupt Nein sagen solltest. Und du hast dich damit auseinandergesetzt, wie das Neinsagen dein Selbstwertgefühl und deine Selbstfürsorge verbessert.

Jetzt ist es an der Zeit, das Gelernte in die Praxis umzusetzen und zu üben, Nein zu sagen, wenn es notwendig ist. In diesem Kapitel werden wir uns darauf konzentrieren, wie du das Neinsagen in verschiedenen Lebensbereichen anwenden kannst: in deinen Freundschaften, in deiner Familie und im Beruf.

WIE DU IN VERSCHIEDENEN LEBENSBEREICHEN NEIN SAGEN KANNST

Die Regel Nummer eins ist am leichtesten umzusetzen, am »ungefährlichsten«, und ein Top-Tipp über alle Situationen hinweg: Wir müssen uns Zeit verschaffen! Dazu bauen wir uns einen Satz, der uns leicht über die Lippen geht, der zu uns passt und den wir uns dann tief ins Gehirn brennen. Zum Beispiel: »Oh. Dazu kann ich im Augenblick gerade nichts sagen. Ich muss im Kalender nachsehen, ich gebe dir später Bescheid.« Oder: »Entschuldigung, ich war geistig gerade mit etwas ganz anderem beschäftigt und muss momentan unheimlich viele lose Enden sortieren. Ich schreib mir das fix auf und melde mich, sobald ich kann.« Oder: »Ich sag nicht Nein – aber ich kann gerade auch nicht Ja sagen, bitte gib mir kurz Zeit, ich komme gleich drauf zurück.«

IMPULSFRAGE

Welchen Satz könnte ich mir einprägen, der zu mir passt und mir Zeit verschafft?

____

____

____

____

Wir können unseren Allroundsatz noch etwas weicher und freundlicher gestalten, wenn wir ihn mit einem »Danke, dass du dabei an mich gedacht hast« oder »Ich freue mich sehr, dass Sie mich gefragt haben« garnieren. Die Hauptsache ist, dass wir einen zeitlichen Puffer zwischen die Anfrage/Aufforderung/Bitte und unsere Reaktion bringen. Wir brauchen Raum zum Nachdenken und Nachfühlen. Gerade wenn wir bisher dazu tendierten, fast schon reflexhaft Ja zu sagen, müssen wir uns Zeit verschaffen, um uns zu fragen, ob wir der Bitte überhaupt nachkommen *wollen*, ob wir das tatsächlich schaffen *können*, ob wir uns das *zutrauen* oder ob es überhaupt *klug* wäre, Ja zu sagen.

Auch wenn wir schon im Moment der Frage sofort entschieden haben, dass wir der Bitte nicht nachkommen werden, hilft uns dieser Puffer, um Formulierungen zu finden, die unser Nein höflich und ohne Kränkungen rüberkommen lassen.

Man kann daraus wirklich eine Routine machen, und es ist erstaunlich, wie schnell sich das Umfeld daran gewöhnt. Nach einer Weile weiß jeder, dass von uns immer eine etwas verzögerte, aber verlässliche Antwort kommt. In den meisten Fällen wird das sehr geschätzt.

IMPULSFRAGE

Wann habe ich mich zuletzt überrumpeln lassen? Wie hätte ich die Situation für mich entzerren können?

In verschiedenen Lebenssituationen und im Kontakt mit unterschiedlichen Menschen sind wir selbst auch immer ein bisschen jemand anderes. Je nachdem, ob wir uns innerhalb unserer Familie, im Arbeitskontext oder im Freundeskreis bewegen, sind die Herausforderungen und unsere jeweilige Rolle etwas anders.

NEINSAGEN IN FREUNDSCHAFTEN: ZWEI TIPPS

TIPP 1: KOMMUNIZIERE KLAR – MIT ERKLÄRUNG

Beginne damit, klare Kommunikation zu kultivieren und deinen Freundeskreis ehrlich an deinem Innenleben teilhaben zu lassen. Formuliere Gedanken und Bedenken, und auch ein Nein, deutlich und respektvoll. Durch diese Art der Offenheit können Beziehungen noch stärker und vertrauensvoller werden. Je nachdem, wie unsere Freundschaften gestaltet sind, ist es manchmal eine positive Überraschung, wie dankbar viele sind, wenn jemand den Mut hat, offen so etwas anzusprechen wie »Ich bin gestresst« oder »Ich fühle mich überfordert«.

Sage Nein, wenn dir etwas nicht passt, und erkläre, warum. Zum Beispiel: »Ich schätze unsere Freundschaft sehr, aber ich kann heute Abend nicht ausgehen, weil ich mich ausruhen möchte.« Hierzu gibt es übrigens wichtige Fakten aus der psychologischen Forschung: Wir reagieren um ein Vielfaches verständnisvoller, wenn wir eine Begründung für das Verhalten unserer Mitmenschen bekommen. Wenn es dir also darum geht, dein Umfeld mitzunehmen und nicht gegen dich aufzubringen, ist es sinnvoll, ein Nein zu erklären. Das bedeutet nicht, dass du unter Rechtfertigungsdruck stehst.

Ein Profi-Move ist es, den eigenen Zwiespalt transparent zu machen: »Weißt du, ein Teil von mir möchte unbedingt kommen und ich vermute, das wird ein Riesenspaß, aber der andere Teil ist völlig kaputt und möchte nur seine Ruhe und mit niemandem reden. Dieses Mal gewinnt der Teil in mir, der Ruhe braucht.«

Wir können unsere Ängste offen ansprechen. »Ich würde dir wirklich gerne bei dem Umzug helfen, du hast es verdient. Ich habe aber jedes der letzten Wochenenden immer was anderes machen müssen. Jetzt habe ich Angst, völlig aus meinem Gleichgewicht zu kommen.« Uns fällt das ja auch nicht leicht: »Es fällt mir echt schwer und tut mir ehrlich leid, dass ich gerade dir absagen muss.«

Solltest du ahnen, dass dein Nein eine Enttäuschung verursacht, kannst du das aufgreifen: »Um ehrlich zu sein, habe ich Angst, dass du sauer auf mich bist, wenn ich jetzt absage. Ich kann dich da nur um Verständnis bitten.« Wenn man dann noch wahrheitsgemäß die Garnierung (siehe oben) hinzufügt: »Ich freue mich wirklich, dass du mich fragst /mir das zutraust. Bitte frag beim nächsten Mal gerne wieder«, kann unser Nein eine Freundschaft im Grunde nie beschädigen.

Nein zu sagen, hat nichts damit zu tun, dass man ruppig oder aggressiv werden müsste. Es passiert schon mal, dass ungeübte Neinsager sich innerlich so aufbäumen müssen und sich groß und stark machen, um überhaupt ein Nein über die Lippen zu bringen, sodass es dann etwas komisch und irritierend beim Gegenüber ankommt. Aber auch dafür ist der Zeitpuffer gut, den du dir hoffentlich ermöglicht hast – da kannst du nämlich in Ruhe deine Worte sortieren.

IMPULSFRAGEN

Wem gegenüber fällt mir ein Nein leichter, und wem gegenüber schwerer?

___

___

___

Woran liegt das? Fühle ich mich sicher genug, um meine eigenen Bedürfnisse zu kommunizieren?

___

___

___

___

TIPP 2: ÜBE VORAB

Wenn du weißt, dass du vor einer Situation stehst, in der du Nein sagen möchtest, übe im Voraus. Denke über mögliche Szenarien nach und wie du reagieren möchtest. Bitte einen Freund oder ein Familienmitglied, mit dir Rollenspiele zu machen. Stelle verschiedene Szenarien nach, in denen du Nein sagen möchtest, und übe deine Reaktionen. Das klingt albern, ist aber richtig wirksam! Nicht umsonst übt auch die Feuerwehr, die Besatzung eines Flugzeugs oder auch eine Sportmannschaft immer wieder ihr Verhalten für den Ernstfall. Und ehrlich gesagt, wenn du das Rollenspiel mit einer gewissen Heiterkeit durchführen kannst, ist das nicht weniger effektiv. Wir lernen neue Dinge am besten, wenn wir sie wiederholen, das hatten wir bereits besprochen. Und besonders günstig ist außerdem, wenn wir verschiedene Sinneskanäle miteinbeziehen.

Das heißt, idealerweise sowie am effektivsten kannst du das Neinsagen lernen, wenn du deinen Wunschtext erst im Kopf überlegst, dem Ganzen mal nachspürst und einen inneren Film dazu entwickelst, das Szenario dann hinschreibst und es dir (oder einer lieben Person, die dich unterstützt) laut vorliest. Und wenn du dann deine Nein-Situation mit einer Vertrauensperson ein paarmal durchspielen kannst, ist das schon die halbe Miete. Instruiere sie grob, wie du dir den Ablauf vorstellst. Ob dein Gegenüber dabei überhaupt Text hat oder nur als eine Art Anspielattrappe dient, ist gar nicht wichtig. Hauptsache, du sagst deinen Nein-Satz in ein menschliches Gesicht. Und zwar mehrfach.

Du kannst außerdem erproben, was mögliche Szenarien wären, wie dein Gesprächspartner auf dein Nein reagiert: Bestenfalls natürlich verständnisvoll. Aber was ist, wenn die Reaktion enttäuscht oder gekränkt ausfällt? Auch das kannst du üben: »Ich verstehe, dass du jetzt enttäuscht bist« oder auch: »Ich bin verwundert über deine Reaktion. Ich hätte gehofft, dass dir meine Grenzen wichtig sind.« Es mehrfach laut auszusprechen, hilft enorm. Du kannst im Rollenspiel außerdem üben, wie du reagieren möchtest, wenn ganz neue Argumente kommen oder die Bitte umformuliert wird. Das ist die beste Gelegenheit, Regel Nummer eins wieder zu nutzen: »Danke für deine Ausführungen. Ich bleibe jetzt erst mal bei meinem Nein, verspreche dir aber, dass ich es mir noch mal durch den Kopf gehen lasse. Gib mir bitte etwas Zeit.«

In den allermeisten Fällen ist es sinnvoll, nicht auf die Schnelle von deinem schwer erkämpften Nein abzurücken. Du brauchst das Nein im Hier und Jetzt, für ein Ja ist meist auch später noch Zeit.

IMPULSFRAGEN

Empfinde ich ein Machtgefälle in meinen Freundschaften?

Wie schätze ich das Interesse meines Freundeskreises an meinem Wohlbefinden ein?

Welche Reaktion fürchte ich am meisten?

Hier noch ein wichtiger Gedankengang: Enttäuschung bedeutet, dass jemand sich getäuscht hat und dass diese Täuschung nun vorüber ist, zum Beispiel was unsere Bereitwilligkeit, Kapazitäten, Ressourcen oder gedankliche Bandbreite angeht. Hier liegen einfach ein Missverständnis und eine Fehleinschätzung vor. Es ist nicht unsere Aufgabe, die falschen Annahmen und Täuschungen unserer Mitmenschen zu bedienen und wahr werden zu lassen – und schon gar nicht zu unseren Lasten. Daher können wir freundlich, aber bestimmt das zugrunde liegende Missverständnis aufdecken, die *Ent-Täuschung* akzeptieren und benennen – und dennoch bei unserem Standpunkt bleiben. Falsche Erwartungen lassen sich am besten vermeiden, wenn wir bereits im Vorfeld sehr transparent machen, wozu wir bereit sind, und wozu nicht.

IMPULSFRAGEN

Was bedeutet es für mich, andere zu enttäuschen?

Hatte ich einen Anteil an der Täuschung?

Fühle ich mich für die emotionale Regulation anderer (erwachsener!) Menschen zuständig?

NEINSAGEN IN DER FAMILIE: ZWEI TIPPS

TIPP 1: SETZE KLARE GRENZEN UND BENENNE SIE DEUTLICH

Vieles, was in unseren Freundschaften gilt, gilt auch für unsere Familie. Im besten Fall sind immer Liebe und gegenseitiges Interesse im Spiel. Das klassische Familienkonstrukt erscheint den meisten von uns erst mal etwas robuster als alle anderen Beziehungen und ist formal und juristisch auch enger verbunden. Es gibt ein »natürliches« Machtgefälle und lange gewachsene Rollen und Aufgaben. In vielen Fällen wirkt daher innerfamiliär alles recht stabil und sicher. Man darf vieles ausprobieren, und vieles wird verziehen.

Die Kehrseite der Medaille: Es kann innerhalb von Familien und engen Beziehungen ausgesprochen herausfordernd sein, die eigenen Grenzen zu wahren. Aber es ist wichtig. In vielen Familien werden Grenzen nämlich sehr gedankenlos überschritten oder stumpf ignoriert. Manchmal liegt es daran, dass keine Konsequenzen drohen, oft aber daran, dass keiner so richtig die gelben und roten Linien des anderen kennt! In eher dysfunktionalen Familien gilt häufig die Person als »Störenfried«, die Probleme benennt und grenzüberschreitendes Verhalten nicht (mehr) tolerieren mag. Wir müssen uns also noch mal bewusst machen, dass jeder ein Recht darauf hat, dass seine Grenzen respektiert werden – auch und gerade von den Menschen, die uns am besten und am längsten kennen.

Oft denken wir, dass andere Menschen uns in- und auswendig kennen. Gerade wenn du selbst eher feinfühlig bist und die Stimmungen und Vorlieben deiner engsten Vertrauten gut einschätzen kannst, erwartest du diese Kompetenz vielleicht auch umgekehrt von ihnen. Die Wahrheit ist: Hellseherei existiert nicht, und deine Bedürfnisse (wie auch deine Grenzen) verändern sich über die Dauer der Zeit (und sind zum Beispiel auch von deiner Tagesform abhängig). Daher ist es ganz wichtig – auch wenn es anstrengend ist –, dass du deine Toleranzschwelle immer wieder neu benennst. Die Verantwortung für unser Wohlergehen und unsere Selbstfürsorge liegt, wie der Name schon sagt, bei uns selbst.

IMPULSFRAGEN

Wie kommuniziere ich meine persönlichen Grenzen innerhalb meiner Familie?

Welche Aspekte möchte ich dabei (erneut) stärker unterstreichen?

Wem gegenüber fällt mir das Neinsagen leichter, und wem gegenüber schwerer?

Was sind die Gründe dafür?

TIPP 2: DELEGIERE, TEILE VERANTWORTUNG UND BITTE UM HILFE

Keiner von uns ist eine einsame Insel. Wir alle benötigen Unterstützung, und wir alle haben die Möglichkeit, Unterstützung zu geben. Hier existiert in vielen Familien eine erhebliche Schieflage zwischen Geben und Nehmen. Vielleicht kommt dir das Miteinander in deiner Familie nicht immer fair vor. Lass uns hier genauer hinschauen!

Du musst nicht alles allein erledigen. Diese einfache Erkenntnis kann befreiend wirken. Indem du lernst, Aufgaben zu delegieren und Hilfe anzunehmen, öffnest du die Tür zu einer neuen Art des familiären Miteinanders. Es zeigt deinen Lieben, dass du ihnen vertraust und ihre Fähigkeiten schätzt. Gleichzeitig ermöglichst du ihnen, Teil eines gemeinschaftlichen Ganzen zu sein, in dem jeder Beitrag wertvoll ist.

Ein Familienessen kann ein geeigneter Rahmen sein, um den Geist des rücksichtsvollen Miteinanders und des gegenseitigen Verständnisses für die jeweiligen Grenzen zu fördern. Ermuntere deine Familie zur Offenheit und gehe mit gutem Beispiel voran. Jeder darf seine Grenzen und Bedürfnisse ausdrücken, und alle können lernen, wie sie einander unterstützen können. Jegliche Gedanken (und Bedenken) dürfen frei geäußert werden. Durch solche offenen Gespräche lernen bereits die jüngsten Familienmitglieder, wie Grenzen wohlwollend formuliert und respektiert werden.

Indem jeder lernt, Aufgaben zu übernehmen, aktiv um Hilfe zu bitten und authentisch auf Belastungsgrenzen hinzuweisen, stärkt ihr nicht nur euren familiären Zusammenhalt, sondern fördert auch ein Umfeld, in dem sich jeder Einzelne gesehen und wertgeschätzt fühlt.

IMPULSFRAGEN

In welchen Bereichen meines Familienlebens fühle ich mich überfordert?

Wen kann ich konkret um Unterstützung bitten, um diese Belastung zu teilen?

Welche Erfahrungen habe ich mit dem Bitten um und Annehmen von Hilfe innerhalb meiner Familie?

NEINSAGEN IM BERUF: ZWEI TIPPS

TIPP 1: SETZE PRIORITÄTEN (ODER BITTE UM ORIENTIERUNG)

Wir alle kennen das aus unserem Job: Die Anforderungen sind hoch, die Zeit ist knapp, der Krankenstand ist hoch und die Personaldecke ist dünn. Und gerade dann, wenn du versucht bist, die Mittagspause durchzuarbeiten und etliche Überstunden zu machen, erlangt die Fähigkeit, Prioritäten zu setzen und gegebenenfalls Nein zu sagen, eine entscheidende Bedeutung. Denn niemandem ist geholfen, wenn du demnächst zusammenbrichst (oder frustriert kündigst).

Am Arbeitsplatz können dir die gleichen Nein-Tipps helfen, die für den Freundeskreis und die Familie gelten: Gehe nicht davon aus, dass deine Belastung überdeutlich oder für alle automatisch sichtbar ist. Schon gar nicht, wenn du es bisher nach außen hin hast easy aussehen lassen. Kommuniziere klar und ehrlich. Psychologische Studien zeigen, dass – ganz entgegen unserer Befürchtung – Menschen am Arbeitsplatz mehr geschätzt werden, wenn sie offen, konstruktiv und gelegentlich sogar kritisch sind!

Setze nachvollziehbare Prioritäten und teile diese am Arbeitsplatz mit, damit niemand überrascht ist, wenn du plötzlich bestimmte zeitfressende Nebensächlichkeiten nicht mehr machst. Lenke deine Energie und Aufmerksamkeit auf die Aufgaben, die am wichtigsten und am dringendsten sind und die am engsten mit deinen beruflichen Zielen verknüpft sind. Es ist ein Zeichen von Professionalität und Integrität, zu erkennen, wann eine Anfrage außerhalb dieser Prioritäten liegt.

In Situationen, in denen die Anforderungen deine Kapazitäten und Ressourcen regelmäßig übersteigen, solltest du das Gespräch mit Vorgesetzten suchen. Bitte sie darum, gemeinsam Aufgaben nach ihrer Dringlichkeit und Bedeutung zu ordnen. Eine transparente Kommunikation über die vorhandenen Aufgaben und deine aktuellen Möglichkeiten, diese zu bewältigen, hilft dabei, eine realistische Arbeitsbelastung zu schaffen.

Indem du übst, im Beruf effektiv Nein zu sagen und deine Prioritäten klug zu setzen, schützt du nicht nur deine eigene Arbeitskraft und -zufriedenheit, sondern gehst auch als gutes Modell für eine konstruktive Unternehmenskultur voran.

IMPULSFRAGEN

Welche Ängste stehen meiner Fähigkeit, im Berufsleben Grenzen zu setzen, im Weg?

Was könnte ich realistischerweise verlieren, wenn ich meine Grenzen kommuniziere und deutlichere Prioritäten setze – und was könnte ich gewinnen?

TIPP 2: NUTZE DAS »KONSTRUKTIVE NEIN«

Wir fühlen uns oft unter Druck gesetzt, jede Anforderung sofort und ohne Zögern zu erfüllen. Nur: Das ist nicht realistisch! Selbstfürsorge bedeutet auch, dass wir unsere Arbeitskraft erhalten und nicht ausbrennen. Dafür ist es unbedingt notwendig, Nein zu sagen. Doch wie können wir dies tun, ohne als unkooperativ, »sperrig« oder faul wahrgenommen zu werden? Die Antwort liegt im Konzept des »konstruktiven Neins«.

Wenn du das nächste Mal in eine Situation kommst, in der du eine Anforderung nicht erfüllen kannst, versuche nicht einfach, die Bitte rundweg abzulehnen. Biete stattdessen eine konstruktive Alternative an. Sage beispielsweise: »Ich verstehe, wie wichtig dieses Projekt ist, aber unter den aktuellen Umständen kann ich es nicht bis morgen abschließen. Ich könnte es jedoch bis Ende der Woche fertigstellen, falls das für Sie akzeptabel ist.« Oder: »Lassen Sie uns unsere Prioritäten überprüfen, um sicherzustellen, dass wir uns auf die dringendsten Aufgaben konzentrieren.« Oder: »Hierfür fehlen mir die notwendigen Voraussetzungen, aber ich weiß, wer uns unter die Arme greifen kann.«

Diese Art der Kommunikation zeigt, dass du ein engagiertes Teammitglied bist, das bereit ist, nach Lösungen zu suchen und Verantwortung zu übernehmen. Es demonstriert auch deine Fähigkeit, realistische Prioritäten zu setzen und gleichzeitig flexibel und konstruktiv zu bleiben. Vorgesetzte und Kollegen schätzen Mitarbeiter, die in der Lage sind, proaktiv zu denken und die Initiative zu ergreifen, um Lösungen zu finden.

Gute Zusammenarbeit bedeutet nicht, immer Ja zu sagen. Durch das »konstruktive Nein« kannst du deine Grenzen wahren und gleichzeitig eine positive, kooperative Arbeitsumgebung fördern. So bewahrst du nicht nur deine eigene Integrität (und mentale Gesundheit), sondern trägst auch zum gemeinsamen Erfolg bei.

IMPULSFRAGEN

Woran erkenne ich, dass es wirklich wichtig ist, Nein zu sagen, um nicht auszubrennen?

Wie kann ich am Arbeitsplatz eine Kultur des konstruktiven Neins unterstützen?

Wenn wir gerade erst beginnen, mutiger zu werden und öfter Nein zu sagen, ist das erst mal eine riesige Herausforderung. Und wie immer, wenn wir etwas (noch) nicht gut können, schrecken wir vor der Anstrengung und den unguten Gefühlen, die damit verbunden sind, zurück. Dabei geht es nicht um »ganz oder gar nicht«, »immer oder nie«, sondern um eine gesunde Balance, die wir für uns finden möchten. Und der können wir uns in kleinen, »sanften« Schritten annähern. Im Folgenden einige konkrete Tipps und Übungen, wie du schrittweise lernen kannst, deine Grenzen immer besser zu schützen.

SELBSTREFLEXION

Wir haben bereits identifiziert, welche Bereiche im Leben besonders herausfordernd sind, wenn es darum geht, Grenzen zu setzen. Je konkreter wir Situationen oder Menschen identifizieren, bei denen uns ein Nein schwerfällt, desto besser.

ÜBUNG: MEINE GRENZEN

Notiere hier einige Situationen aus den letzten Wochen, in denen du das Gefühl hattest, deine Grenzen seien verletzt worden. Beschreibe die Situation, wie du dich dabei gefühlt hast und was du getan hast (oder hättest tun können), um deine Grenzen zu schützen. Diese Übung hilft dir, Muster in deinem Verhalten und im Verhalten anderer zu erkennen und gezielt daran zu arbeiten.

IMPULSFRAGEN

Wie habe ich mich gefühlt, als meine Grenze übertreten wurde?

Wie habe ich mich verhalten?

Welche Muster erkenne ich?

STOPPE VORAUSEILENDEN GEHORSAM

Manchmal neigen wir dazu, vorauseilenden Gehorsam zu praktizieren, indem wir Dinge tun, bevor wir überhaupt darum gebeten wurden – aus Gewohnheit oder weil wir es als »selbstverständlich« empfinden. Dies kann dazu führen, dass wir uns überlasten und unsere eigenen Grenzen vernachlässigen. Es ist wichtig, diese Gewohnheit zu erkennen und zu stoppen.

ÜBUNG: DIE 24-STUNDEN-PAUSE

Nimm dir vor, für die nächsten 24 Stunden nichts zu tun, worum du nicht ausdrücklich gebeten wirst. Das bedeutet, dass du keine zusätzlichen Aufgaben übernimmst, keine Verpflichtungen eingehst und keine Erwartungen erfüllst, es sei denn, jemand bittet dich ausdrücklich darum und du möchtest es gerne. Nutze diese Zeit, um deine eigenen Bedürfnisse zu priorisieren. Diese Übung hilft dir, bewusstere Entscheidungen darüber zu treffen, welche Aufgaben du (ungefragt) annimmst und was für dich zur Belastung, für andere aber zur Selbstverständlichkeit geworden ist. Die 24-Stunden-Pause ermöglicht dir, deine Energie und Zeit besser zu managen und sicherzustellen, dass du deine eigenen Grenzen schützt.

IMPULSFRAGEN

Welche Veränderungen nehme ich in meinem Wohlbefinden wahr, wenn ich für 24 Stunden meinen vorauseilenden Gehorsam stoppe?

Welche Erkenntnisse habe ich während der 24-Stunden-Pause darüber gewonnen, wie oft ich meine eigenen Bedürfnisse hintanstelle?

WIE DU IN KLEINEN SCHRITTEN STÄRKER WIRST

KLEINE GRENZEN SETZEN UND EINHALTEN

Wenn wir in unserem Alltag Grenzen setzen, kann es immer wieder vorkommen, dass diese infrage gestellt oder übergangen werden. Sei es, dass uns jemand ungefragt ein weiteres Stück Kuchen auf den Teller schiebt oder uns »ganz kurz« um etwas bittet, obwohl wir schon Feierabend haben. Deshalb ist es wichtig, dass wir unsere Grenzen nicht nur sehr klar kommunizieren, sondern dass wir dann auch um deren Einhaltung bitten (und uns selbst daran halten). Konsequent zu unseren eigenen Entscheidungen zu stehen, ist der wichtigste Schritt, denn wenn wir selbst immer wieder unser Nein zurücknehmen und dadurch unsere Selbstfürsorge aufweichen, werden andere es ebenfalls tun.

ÜBUNG: DAS NEIN-TRAINING

Übe das Neinsagen. Bitte einen Freund oder eine Freundin, verschiedene Bitten an dich zu richten, auf die du mit Ja oder Nein antworten musst. Übe dabei, selbstbewusst, freundlich und respektvoll Nein zu sagen, wenn es notwendig ist. Wenn du den Druck spürst, gegen dein wahres Gefühl trotzdem Ja zu sagen, versuche es mit einer sogenannten »Defusionstechnik«. Benenne deine Gedanken laut, zum Beispiel: »Ich habe den Gedanken, dass ich jetzt Ja sagen muss.« Dies hilft, dich von dem Gedanken zu distanzieren und ihn als das zu sehen, was er ist – nur ein Gedanke, nicht die Realität.

IMPULSFRAGEN

Gab es kürzlich Momente, in denen ich Ja gesagt habe, obwohl ich eigentlich Nein gemeint habe?

Welche Auswirkungen hatte dies auf mein Wohlbefinden?

Wie gut kann ich mich von meinen Gedanken distanzieren?

WIE DU DEIN SCHLECHTES GEWISSEN IN DEN GRIFF BEKOMMST

Das Wichtigste sei an dieser Stelle noch mal betont: Ein kleines mieses Gefühl, wenn wir eine Bitte ablehnen oder eine Grenze ziehen, wird uns wahrscheinlich immer begleiten. So sind wir Menschen gebaut. Verantwortung für unser Handeln zu übernehmen und auch zu berücksichtigen, welche emotionalen Konsequenzen ein Nein von uns für andere haben kann, ist empathisch und feinfühlig. Und dennoch: Es ist nicht unser Auftrag, das Wohlbefinden aller anderen zu schützen, zulasten unserer eigenen Gemütslage.

Für viele von uns sieht die innere (unbewusste) Rechnung so aus: Wenn wir Ja sagen, obwohl wir Nein meinen, verursacht das uns selbst Probleme, aber unser Gegenüber ist glücklich und entlastet.

Wenn wir Nein sagen, dann ist die andere Person unzufrieden und enttäuscht, und wir selbst werden von unserem schlechten Gewissen geplagt. Dann geht es also uns beiden schlecht.

Erscheint es da nicht fast schon logisch, dass wir die negativen Gefühle und die Belastung in Kauf nehmen? Nein! Was für langfristige Konsequenzen es für uns hat, wenn wir alle in unserem Umfeld entlasten, nur uns selbst nicht, haben wir in den vorangegangenen Kapiteln beleuchtet. Und noch etwas: Die negativen Emotionen, die wir bei unserem Gegenüber vermuten würden, falls wir Nein sagen würden, treten nicht zwangsläufig so ein. Es ist wichtig, dass wir hier korrigierende positive Erfahrungen zulassen. Möglicherweise wird unser Nein viel besser aufgenommen, als wir befürchten.

Fakt ist aber auch: Das Neinsagen kann zu verschiedenen Reaktionen führen, und Enttäuschung und Ärger gehören dazu. Insbesondere wenn andere Menschen uns als sehr zugänglich und hilfsbereit schätzen und uns mit einer gewissen Selbstverständlichkeit in ihre Aktivitäten einbinden, wird ein Nein für Irritation sorgen. Das macht es nicht leichter, authentisch und ehrlich zu den eigenen Bedürfnissen zu stehen.

Manchmal spielen bestimmte Redensarten oder Sprüche aus unserer Erziehung eine Rolle, die uns unbewusst stark geprägt haben. »Der Klügere gibt nach!« oder »Du bist doch die Ältere, Vernünftigere!« wären Beispiele.

IMPULSFRAGE

An welche Sprüche erinnere ich mich, und inwieweit spielen sie heute noch eine Rolle im Hinblick auf meine Fähigkeit, Nein zu sagen?

Hier einige Tipps, die dir helfen, mit negativen Reaktionen umzugehen, und gleichzeitig gesunde und wertschätzende Beziehungen zu pflegen.

TIPP 1: EMPATHIE UND VERSTÄNDNIS

Versuche, die Perspektive des anderen zu verstehen. Wenn Menschen enttäuscht oder wütend auf deine Ablehnung reagieren, kann es hilfreich sein, sich in ihre Lage zu versetzen. Frage nach ihren Gefühlen und Bedürfnissen und zeige Empathie für ihre Reaktionen. Übe aktives Zuhören, indem du aufmerksam auf die Gefühle und Bedürfnisse anderer hörst, wenn sie auf deine Ablehnung reagieren. Versuche, ihre Emotionen und Sichtweisen zu spiegeln, um ihnen das Gefühl zu geben, verstanden zu werden. Das bedeutet jedoch nicht, dass deine Gefühle und Bedürfnisse weniger wichtig sind und du einen Rückzieher machen solltest!

TIPP 2: DEINE ENTSCHEIDUNG ERKLÄREN

Erkläre ruhig und respektvoll deine Gründe für die Ablehnung. Menschen neigen dazu, besser zu reagieren, wenn sie verstehen, warum du Nein gesagt hast. Betone, dass deine Entscheidung nicht gegen sie persönlich gerichtet ist. Übe das Erklären deiner Entscheidung vor einem Spiegel oder mit einem Freund. Stelle sicher, dass du klar und selbstbewusst deine Gründe kommunizieren kannst, ohne dich schuldig zu fühlen.

TIPP 3: GRENZEN RESPEKTIEREN

Halte an deinen Grenzen fest, selbst wenn andere Widerstand leisten. Es ist wichtig, deine eigenen Bedürfnisse und Prinzipien zu respektieren und nicht nachzugeben, nur um Konflikte zu vermeiden. Grenzen zu respektieren, ist ein allgemeines Gebot der Höflichkeit. Und das gilt in beide Richtungen: Wie gehst du deinerseits mit einem Nein um? Stelle dir vor, wie du deine Grenzen schützt und wie du fest und standhaft bleibst, während um dich herum Widerstand aufkommt. Dabei kann es hilfreich sein, wenn du dir die Grenzen von Menschen bildlich vorstellst, wie einen Rahmen, ein Blase oder einen Zaun. Bei jeder Anfrage können wir entscheiden, ob wir diese Grenze öffnen oder geschlossen halten möchten. Diese imaginative Visualisierung kann uns helfen, ein Gefühl für unsere persönlichen Grenzen und die anderer zu entwickeln.

TIPP 4: SELBSTFÜRSORGE NACH WIDERSTAND

Und wenn es doch mal richtig knallt? Sei besonders achtsam mit deiner Selbstfürsorge, nachdem du auf Widerstand oder Enttäuschung gestoßen bist. Nimm dir Zeit, um dich zu erholen und deine eigenen Emotionen zu verarbeiten, zum Beispiel durch Entspannungsübungen, Spaziergänge in der Natur, das Lesen eines Buches oder den Austausch mit Freunden.

IMPULSFRAGEN

Wie kann ich mir in emotional herausfordernden Zeiten selbst etwas Gutes tun?

Wie kann ich mich entspannen und mich belohnen, wenn ich das Risiko eingegangen bin, andere durch ein Nein gegen mich aufzubringen?

Es ist völlig normal ist, dass Menschen auf unsere Grenzen unterschiedlich reagieren. Unsere Aufgabe ist es, für uns selbst einzustehen und gleichzeitig mit Empathie und Respekt für andere zu handeln. Es geht um ein gesundes Gleichgewicht zwischen unseren Bedürfnissen und denen der anderen. Das schlechte Gewissen beim Neinsagen ist vergleichbar mit einem Muskelkater beim Sport: Beides verfliegt, wenn wir konsequent weitertrainieren.

AUF WELCHE MASCHEN DU NIE WIEDER REINFALLEN WIRST

In unserem Alltag begegnen wir oft Situationen, in denen wir Gefahr laufen, uns manipulieren zu lassen. Manchmal geschieht dies so subtil, dass wir es kaum bemerken. Es ist wichtig, dass wir uns dieser Momente bewusst werden und lernen, wie wir uns schützen können. Beginnen wir damit, unsere eigenen »Fallen« zu erkennen.

Frage dich: Auf welche Manipulationsstrategien falle ich besonders leicht herein? Ist es die Verantwortung, die mir zugeschoben wird, obwohl sie gar nicht in meinen Bereich fällt? Oder sind es die Schmeicheleien, die mein Ego streicheln, wie zum Beispiel die Bewunderung für mein Organisationstalent oder meine Geschicklichkeit? Es ist menschlich, auf Anerkennung positiv zu reagieren. Doch genau deswegen ist es auch wichtig zu erkennen, wann dies ausgenutzt wird.

Es ist auch möglich, dass wir uns selbst in die Falle locken, indem wir denken: »Ich kann das ›mal eben‹ erledigen, mich kostet das weniger Mühe.« Doch auch wenn wir glauben, dass es uns weniger Anstrengung kostet als die andere Person, dürfen wir nicht vergessen, dass jede zusätzliche Aufgabe unsere Ressourcen beansprucht. Zudem wird der oder die andere nie wirklich besser, schneller oder geschickter, wenn wir ihm oder ihr alles abnehmen …

Manchmal reagieren wir auch besonders empfindlich auf einen bestimmten Tonfall oder eine Ausdrucksweise, die uns unbewusst beeinflusst und uns zu einem Ja zwingt, obwohl wir Nein meinen. Um uns vor Manipulation zu schützen, ist es entscheidend, dass wir unsere eigenen Schwachpunkte und Reaktionen kennen und verstehen. Dies erfordert Selbstreflexion und Ehrlichkeit uns selbst gegenüber.

Achtung, Falle! Im Folgenden einige besonders gängige Manipulationsstrategien – bitte horche mal in dich hinein, welche bei dir womöglich verfängt:

Schuldgefühle erzeugen: Eine Person versucht, Schuldgefühle bei dir auszulösen, indem sie betont, wie sehr sie deine Hilfe oder Unterstützung benötigt. Dies kann dich unter Druck setzen, Ja zu sagen, obwohl du es vielleicht nicht möchtest.

Drängen und Zeitdruck erzeugen: Manche Menschen verwenden Drucktaktiken, um dich zu überreden, sofort eine Entscheidung zu treffen, ohne dir Zeit zum Nachdenken zu lassen. Sie könnten sagen: »Du musst dich jetzt entscheiden, sonst ist es zu spät!« Indem sie behaupten, dass eine Entscheidung sofort getroffen werden muss, wird es schwieriger für dich, klare Gedanken zu fassen und abzuwägen.

Flunkern und Übertreiben: Manipulative Menschen neigen dazu, Informationen übertrieben darzustellen oder zu verfälschen, um ihre Forderungen überzeugender klingen zu lassen. Oder sie betonen unrealistisch stark deine (angeblichen) Vorteile an der Sache und minimieren die Nachteile.

Opferrolle einnehmen: Manche Menschen spielen die Opferrolle, um Mitgefühl zu erzeugen und dich dazu zu bringen nachzugeben. Sie könnten sagen: »Du bist die einzige Person, die mir helfen kann. Niemand sonst kümmert sich um mich.«

Suggestive Fragestellungen: Durch geschickte Fragen können dich manipulative Menschen in die Ecke treiben. Zum Beispiel: »Bist du nicht ein guter Freund? Würdest du nicht alles für mich tun?« Solche Formulierungen erzeugen sozialen Druck.

Liebesentzug: Manche Menschen drohen, ihre Zuneigung oder Unterstützung zu entziehen, wenn du nicht nachgibst. Sie könnten sagen: »Wenn du das nicht für mich tust, bedeutet das, dass du mich nicht liebst.«

Übermäßiges Lob: Das Gegenteil von Kritik ist oft übermäßiges Lob. Manipulative Menschen können dich übermäßig loben, um dir zu schmeicheln und dir ein Gefühl der Verpflichtung zu geben.

IMPULSFRAGEN

Welche Argumente und Taktiken beeinflussen mich besonders stark?

Gibt es bestimmte Situationen oder Personen, die immer wieder dafür sorgen, dass ich nachgebe, obwohl ich nicht will?

Welche gemeinsamen Elemente und Muster kann ich erkennen?

____

____

____

____

____

____

____

____

EXTRATIPP: BEACHTE DEIN BAUCHGEFÜHL

Lerne, auf dein Bauchgefühl zu hören. Oft spüren wir intuitiv, wenn uns jemand manipuliert oder unter Druck setzt. Wenn etwas »unangenehm« oder »nicht richtig« erscheint, oder wenn du zum Beispiel Verärgerung spürst anstatt Mitgefühl, könnte es ein Zeichen sein, dass du deine Grenzen schützen solltest. Beachte in verschiedenen Anforderungssituationen, wie sich dein Körper anfühlt. Lerne, auf Signale wie Anspannung oder Unbehagen zu achten und darauf zu reagieren.

ICH SAGE NEIN, ABER IRGENDWIE HÖRT KEINER AUF MICH …

Es kann frustrierend und entmutigend sein, wenn es scheint, als würde niemand auf unser Nein hören oder es ernst nehmen. In solchen Momenten fühlen wir uns oft ohnmächtig und übersehen.

Hier ist eine unbequeme Wahrheit, die wir uns eingestehen müssen: Grenzen, die wir nur verbal kommunizieren, ohne sie durch konsistentes Handeln zu untermauern, wirken oft nicht überzeugend. Sie können leicht als bloßes Gerede abgetan werden, ohne wirkliche Substanz. Das bedeutet, dass wir nicht nur Nein *sagen* müssen, sondern dieses Nein auch wirklich ernst meinen und vor allem konsequent danach handeln müssen.

Wenn du Nein sagst, aber in deinem Verhalten nachgibst oder inkonsistent bist, sendest du gemischte Signale aus. Und das kann dazu führen, dass andere deine Grenzen nicht respektieren. Es ist daher entscheidend, dass dein Nein nicht nur gesagt, sondern auch durch entsprechende Taten gestützt wird. Wenn du beispielsweise Nein zu Überstunden sagst, dann verlasse auch wirklich pünktlich die Arbeit. Wenn du Nein zu unangemessenen Bitten sagst, biete keine halbherzigen Kompromisse an.

Sich selbst zu ändern und standhaft bei den eigenen Grenzen zu bleiben, erfordert Mut und Selbstbewusstsein. Doch wenn du einmal beginnst, dein Nein mit Klarheit und Bestimmtheit zu verteidigen, wirst du eine positive Veränderung in der Art und Weise bemerken, wie andere dich behandeln. Es geht nicht darum, konfrontativ zu sein, sondern um Selbstrespekt und die klare Kommunikation deiner Bedürfnisse und Grenzen. Denke daran, dass du es wert bist, gehört und respektiert zu werden – und dass deine Grenzen ein wesentlicher Teil davon sind.

IMPULSFRAGEN

In welchen Situationen habe ich das Gefühl, dass mein Nein nicht gehört und nicht respektiert wird?

Durch welche konkreten Schritte kann ich ein Nein untermauern, sodass es unmissverständlich und konsistent wirkt?

Ich sage Nein, aber irgendwie hört keiner auf mich …

Kapitel 5

Was du gewinnst

Das Wort »Nein« hat in unserer Gesellschaft oft einen negativen Beigeschmack. Viele von uns verbinden es mit Ablehnung, Konflikt oder gar Feindseligkeit. Doch in Wahrheit ist das Neinsagen eine der respektvollsten Handlungen, die wir im Umgang mit uns selbst und anderen vollziehen können. Es ist ein fundamentaler Bestandteil einer klaren, transparenten und erwachsenen Kommunikation.

SELBSTACHTUNG UND RESPEKT

Das Neinsagen ist ein Akt der Selbstachtung. Es bedeutet, dass wir unsere eigenen Bedürfnisse, Werte und Grenzen respektieren. Es zeigt außerdem, dass wir uns selbst genug wert sind, um für unsere Überzeugungen einzustehen und nicht ständig die Bedürfnisse anderer über unsere eigenen zu stellen. Selbstachtung ist der Schlüssel zu einem gesunden Selbstwertgefühl.

Gleichzeitig ist das Neinsagen ein Akt des Respekts gegenüber anderen. Wenn wir klar und ehrlich Nein sagen, geben wir anderen die Möglichkeit, unsere Grenzen und unsere Bedürfnisse zu verstehen. Wir zeigen ihnen dadurch, dass wir aufrichtig und verlässlich sind und welche Werte wir vertreten. Die Menschen in unserem Leben, die uns nahestehen und denen unser Wohl am Herzen liegt, werden unsere Authentizität und Klarheit zu schätzen wissen – selbst wenn sie zunächst irritiert auf unsere Veränderung reagieren.

Beziehungen, die auf halbherziger und erzwungener Zustimmung oder gar emotionaler Erpressung basieren, sind selten wirklich harmonisch – sie erwecken nur nach außen hin den Anschein. Wenn wir ständig gegen unsere eigenen Bedürfnisse handeln und uns selbst vernachlässigen, kann das langfristig zu Unzufriedenheit und Entfremdung führen. Dagegen unterstützen klare Grenzen und ehrliches Neinsagen unsere Beziehungen und sorgen für Augenhöhe und gegenseitigen Respekt.

Ob es uns bewusst ist oder nicht – wir sind immer auch ein Modell für Menschen in unserem Umfeld, ob für unsere Arbeitskollegen, für unsere Kinder, unsere Partner oder unsere Enkel. Welches Modell möchten wir abgeben? Wofür möchten wir stehen und wie möchten wir gesehen werden? Welche Schlüsse sollen Menschen ziehen, die uns im Umgang mit uns selbst und im Umgang mit anderen beobachten? Woran sollen sie sich irgendwann erinnern, und welche Botschaften über Selbstachtung sollen sie von uns empfangen?

IMPULSFRAGEN

In welchen Bereichen meines Lebens könnte ich meine Selbstachtung stärken, indem ich häufiger Nein sage, und wie würde sich das auf mein Selbstwertgefühl auswirken?

Wie würde sich die Qualität meiner Beziehungen verändern, wenn ich öfter auf eine klare und ehrliche Weise Nein sagen würde?

Welche Botschaft möchte ich anderen, insbesondere jüngeren Menschen in meinem Umfeld, durch mein Verhalten und meine Entscheidungen vermitteln, und wie kann ich ein positives Modell für gesunde Grenzen und Selbstrespekt sein?

SELBSTFÜRSORGE UND UNABHÄNGIGKEIT

Du kannst ein liebevoller Mensch sein und dennoch Nein sagen, wenn deine eigenen Bedürfnisse in Gefahr sind. Du kannst ein fleißiger Mensch sein und dennoch Aufgaben ablehnen, die deine Grenzen überschreiten. Du kannst eine hingebungsvolle Mutter, ein aufmerksamer Vater, eine kooperative Tochter oder ein zugewandter Sohn sein und trotzdem deine eigenen Bedürfnisse nicht hintanstellen. Es ist nicht nur möglich, sondern notwendig, um ein ausgeglichenes und erfülltes Leben zu führen. Fürsorge und Selbstfürsorge sind keine Widersprüche.

Das Neinsagen bedeutet nicht, dass du egoistisch oder gleichgültig bist. Es bedeutet, dass du dich selbst respektierst und wertschätzt. Wenn du dich überforderst, indem du ständig Ja sagst, riskierst du nicht nur deine eigene Gesundheit und dein Wohlbefinden, sondern auch die Qualität deiner Fürsorge für andere. Ein ausgebrannter, erschöpfter Mensch kann nicht die Art von Unterstützung und Liebe bieten, die er eigentlich geben möchte.

Viele von uns, die Schwierigkeiten haben, Nein zu sagen, tun dies, weil sie tief empathisch sind und ein starkes Bedürfnis haben, zu helfen und zu unterstützen. Aber wahre Fürsorge beginnt bei uns selbst, und echte Umsicht ist nicht vollständig, wenn sie uns selbst ausklammert. Niemand profitiert davon, wenn wir uns bis zur völligen Erschöpfung verausgaben. Im Gegenteil, es kann zu einem Verlust der Freude am Geben führen. Wie wir unsere Selbstfürsorge leben, vermittelt Botschaften an unser Umfeld. Indem wir uns bewusst Pausen nehmen, klar auftreten und authentisch sind, zeigen wir anderen, dass Selbstfürsorge und persönliche Grenzen wichtig sind, und ermuntern sie zu einem gesünderen Verhalten.

Pausen und Ruhephasen sind keine Geschenke, die uns das Leben einfach so macht, wir müssen sie uns aktiv nehmen. Indem wir Nein sagen, wenn es notwendig ist, schenken wir uns die Energie, die Freude und die Ausgeglichenheit, die wir brauchen, um mental stabil und gesund zu bleiben und da zu funktionieren, wo es drauf ankommt.

IMPULSFRAGEN

Wie kann ich meine eigenen Bedürfnisse schützen, ohne dabei meine liebevolle oder fürsorgliche Natur zu verraten?

Wie kann ich mich selbst darin bestärken, dennoch Nein zu sagen, um Überforderung und Erschöpfung vorzubeugen?

Welche Schritte kann ich unternehmen, um eine Kultur der Selbstfürsorge in meinem persönlichen Umfeld zu fördern?

WENIGER STRESS, MEHR ZEIT

Viele von uns leiden unter dem Druck, ständig erreichbar und einsatzbereit sein zu müssen. Wir fühlen uns verpflichtet, auf jede Anfrage mit Ja zu antworten, aus Angst, Chancen zu verpassen oder anderen nicht gerecht zu werden. Doch in Wirklichkeit ist es so, dass jedes unüberlegte Ja Zeit und Energie kostet – Ressourcen, die wir dann für die Dinge, die uns wirklich am Herzen liegen, nicht mehr zur Verfügung haben. Es ist, als würden wir Stück für Stück von unserem wertvollsten Gut – unserer Zeit und unserer mentalen Gesundheit – abgeben.

Das Neinsagen ermöglicht es uns, diese Ressourcen zu schützen. Es hilft uns, Stress zu reduzieren, indem wir uns nicht länger überlasten oder in Situationen begeben, die uns nicht dienen. Es ist eine Fähigkeit, die uns mehr Kontrolle über unser Leben gibt. Statt von den Wellen der Anforderungen anderer hin und her geworfen zu werden, werden wir zum Kapitän unseres eigenen Schiffes. Wir bestimmen den Kurs und entscheiden, welche Gewässer wir befahren wollen und welche nicht.

Nein sagen zu können, ist ein Geschenk an uns selbst. Es verschafft uns mehr Zeit für die Dinge, die uns Freude bereiten, die uns wachsen lassen und die uns Ruhe und Zufriedenheit bringen. Neinsagen ist unabdingbar, wenn wir ein ausgeglicheneres, gesünderes und erfüllteres Leben führen wollen. »Nein« ist ein einfaches Wort, aber eines mit der Kraft, unser Leben grundlegend zu verändern. Wenn wir es schaffen, dieses kleine Wort mit Überzeugung und ohne Schuldgefühle auszusprechen, gewinnen wir nicht nur Zeit, sondern auch ein Stück Freiheit zurück. Ein Stück Freiheit, das uns erlaubt, unser Leben nach unseren eigenen Vorstellungen zu gestalten.

IMPULSFRAGEN

Wie würde ich mein Leben gestalten, wenn ich die Fähigkeit perfektionieren könnte, ohne Schuldgefühle Nein zu sagen?

Welche Aktivitäten, Menschen oder Verpflichtungen würde ich priorisieren, um mehr Freude und Zufriedenheit zu erleben?

Und was würde ich augenblicklich sein lassen, wenn es möglich wäre, es in die Tat umzusetzen?

Du hast nun einen bemerkenswerten Weg hinter dir. Mit dem Abschluss dieses Workbooks hast du nicht nur eine Fähigkeit entwickelt, die dein Leben tiefgreifend verändern kann. Du hast auch eine innere Reise angetreten, die dich zu mehr Selbstachtung und einer besseren Balance führt. Das bewusste Neinsagen ohne schlechtes Gewissen ist ein mächtiges Werkzeug, das dir ermöglicht, deine Grenzen zu wahren, deine Energie zu schützen und Beziehungen auf eine respektvolle und ausgeglichene Weise zu gestalten.

UND JETZT?

Du hast gelernt, dass es nicht nur dein Recht, sondern auch deine Pflicht dir selbst gegenüber ist, Nein zu sagen, wenn deine Grenzen überschritten werden. Dieses Nein ist ein Ja zu dir selbst, zu deiner Gesundheit und zu deinem Wohlergehen. Es ist der Schlüssel zu einem Leben, in dem du dich nicht mehr ständig überfordert oder ausgenutzt fühlst, sondern in dem du die Kontrolle über deine Zeit, deine Energie und deine Entscheidungen zurückgewinnst.

Rückschläge und Herausforderungen werden immer ein Teil dieses Prozesses sein. Sie sind kein Zeichen des Scheiterns, sondern Chancen zum Lernen und Wachsen. Jeder Moment, in dem du dich entscheidest, standhaft zu bleiben und dich selbst zu respektieren, stärkt dein Selbstbewusstsein und deine Fähigkeit, ein Leben nach deinen eigenen Vorstellungen zu führen. Und jeder Moment, in dem es nicht funktioniert, ist eine kleine Aufforderung, dir mit Selbstmitgefühl zu begegnen und erneut in deine Aufzeichnungen in diesem Journal zu schauen – damit du Kraft aus deinen eigenen Erfahrungen ziehen kannst.

Ich lade dich ein, dein neu gewonnenes Nein als Geschenk zu betrachten, das es zu pflegen und zu schätzen gilt. Erinnere dich in schwierigen Momenten daran, dass du es verdienst, mit Achtung behandelt zu werden – sowohl von anderen als auch von dir selbst. Deine Bedürfnisse sind wichtig, und deine Stimme hat Gewicht.

Möge dieses Workbook ein treuer Begleiter auf deinem weiteren Weg sein. Ich wünsche dir von Herzen, dass du ein Leben voller Selbstachtung, Zufriedenheit und Freude führst. Mögest du in jedem Nein ein kraftvolles Ja zu einem erfüllten, selbstbestimmten Leben erkennen.

Mit besten Wünschen für deine Zukunft

deine Franca Cerutti

ÜBER DIE AUTORIN

Franca Cerutti ist studierte Diplom-Psychologin und ausgebildete Psychotherapeutin. Nach verschiedenen Stationen in mehreren Krankenhäusern hat sich die dreifache Mutter auf Gruppentherapie spezialisiert und mit einer eigenen Praxis selbstständig gemacht. Seit über 20 Jahren begleitet sie als Verhaltenstherapeutin Menschen und hilft beim Entwirren von emotionalen Schieflagen, gibt handfeste Unterstützung und bringt Klarheit zurück.

2019 startete die Psychotherapeutin ihren eigenen Podcast »Psychologie to go«, in dem sie über fast alles spricht und aufklärt, was ihr in ihrem Praxisalltag begegnet. Auch als Speakerin, Buchautorin und TV- und Radioexpertin ist die Psychologin heute tätig.

PERSÖNLICHE GEDANKEN

PERSÖNLICHE GEDANKEN

PERSÖNLICHE GEDANKEN

PERSÖNLICHE GEDANKEN

Liebe*r Leser*in,

wir hoffen sehr, dir hat das Buch gefallen, und würden uns freuen, wenn du eine Rezension bei deinem Lieblings-Onlinehändler schreibst.

Hast du Fragen, Wünsche oder Anregungen?
Dann schreibe gerne an: yuna@penguinrandomhouse.de.

Viele Grüße
YUNA

IMPRESSUM

2. Auflage
Originalausgabe

Neumarkter Str. 28, 81673 München

produktsicherheit@penguinrandomhouse.de
(Vorstehende Angaben sind zugleich
Pflichtinformationen nach GPSR)

Covergestaltung: Jürgen Kiermeier, YUNA,
unter Verwendung eines Motivs von Adobe Stock: hana, vladwel
Bildnachweis: AdobeStock: GoodStudio, Karolina Madej, Macrovector, nice17, NokHoOkNoi, Nuthawut, olllikeballoon, Rudzhan, sirikornt, VectorBum, vectorsanta, yod67, Александра Гвардейце,
Layout/Satz: Jürgen Kiermeier, YUNA
Druck und Bindung: Alföldi Nyomda Zrt., Debrecen
Printed in Hungary

Penguin Random House Verlagsgruppe FSC® N001967

ISBN 978-3-517-30358-1